Ce livre est publié par un éditeur indépendant.

Si vous désirez recevoir gratuitement notre catalogue
et être régulièrement informé de nos nouveautés,
n'hésitez pas à envoyer vos coordonnées à :

L'ARCHE *Éditeur*
86, rue Bonaparte
75006 Paris
newsletter@arche-editeur.com

Un des premiers succès de Norén, jamais édité en France, nous mène dans un hôtel au bord de la banqueroute sur la Baltique. L'harmonie familiale est en pleine débâcle, prête à rompre à tout moment. Le père, un alcoolique désespéré, dissimule ses bouteilles et « manifeste les traces d'une grande élégance en ruines ». La mère souffre d'une maladie sournoise à la poitrine, tandis que les deux fils se montrent agressifs ou oisifs. Une orgie de malentendus, de haine et d'agressivité s'abat sur ce huis-clos familial déserté par la clientèle. Une fresque psychologique retorse, un quatuor de névroses où se déploie toute la fougue de Norén, où chaque mot compte, apportant sa nuance et sa blessure. Sans retenue ni pudeur.

Le théâtre de Lars Norén est publié chez L'Arche *Éditeur*, ainsi que son *Journal intime d'un auteur* ou son roman, *La Nuit de la philosophie*, textes qui comportent de forts traits autobiographiques mais dont la portée va bien au-delà.

ISBN : 978-2-85181-888-1
Titre original :
Natten är dagens mor

86, rue Bonaparte, 75006 Paris
contact@arche-editeur.com

Conception graphique de la couverture :
Susanne Gerhards

Lars Norén

La nuit est mère du jour

Texte français établi par Christophe Perton
d'après la traduction de
C.G. Bjurström et L. Albertini

L'Arche

Personnages

Martin 1904
Elin 1906
Georg 1930
David 1940

Date : 9 mai 1956

Décors : La grande cuisine d'un hôtel

Premier acte
(8.00 – 11.45)

Ça commence par cinq coups lourds d'une cloche.

Un pigeon traverse la scène et s'envole par la fenêtre du fond.

David descend dans la cuisine encore plongée dans l'obscurité, fait le tour de la pièce, ouvre les portes, les referme, vérifie qu'il est bien seul, qu'il n'y a personne dans la cour, personne dans les salles à manger. Il ouvre la fenêtre qui donne sur la cour – se prépare du café, prend une tasse dans l'armoire, met la radio – musique – la referme aussitôt – il jette un coup d'œil à l'intérieur de la cage vitrée où se tient habituellement son père, puis se regarde quelques fois dans la glace – entre dans la réserve et il en ressort avec une nasse dans laquelle il y a deux petits rats, il cherche un seau, le remplit d'eau, y plonge les rats, les ressort, joue un moment avec eux. Pour finir, il laisse tomber la nasse au fond de l'eau. Tout à coup, il s'aperçoit pour de bon dans la glace, il s'approche, s'écarte, court à la rencontre de son image, s'arrête, prend des poses, il va fermer les rideaux – se replace devant la glace – le jeu devient plus sérieux – il exprime divers sentiments : haine, désir, désespoir, envie de meurtre, peur, féminité, masculinité – il cherche à ressembler à divers modèles, Montgomery Clift, par exemple, dans « Tant qu'il y aura des hommes » ou Stan Getz en concert – fait comme s'il avait un appareil photo, photographie sa propre image dans la glace, reste figé, se passe le rouge de sa mère sur les lèvres – s'approche de la glace, se regarde au fond des yeux, pose un baiser sur la glace – baisse son pantalon, coince son membre entre ses cuisses et le cache pour avoir l'air d'une fille – va piquer une cigarette à son père – une Ritz très lon-

gue – fume et joue à être une femme, il n'entend pas que quelqu'un descend l'escalier.

GEORG. Merde, à quoi tu joues ?

DAVID *se retourne vivement sous l'effet du choc.* Qui ? Moi ? À rien, je ne joue à rien !

GEORG. Saloperie de pervers.

DAVID *remonte son pantalon.* Quoi ? Qu'est-ce que tu as l'air de dire ? *Il laisse tomber la cigarette.* Je m'habille.

GEORG. Mais putain, qu'est-ce qui déconne chez toi ? Saloperie de pervers.

DAVID. Quoi ?

GEORG. Vraiment, tu n'es pas normal, Non, tu n'es pas normal. *Il va ouvrir les rideaux.* Hein ?

DAVID. Oui, oui, oui. *Il ramasse le mégot.* Mais je ne vois pas de quoi tu parles.

GEORG. Eh bien tu ne vas pas tarder à le voir.

DAVID. Voir quoi ?

GEORG. Tu... T'as intérêt à ne pas faire trop le malin... tu entends ce que je te dis ?

DAVID. Oui, oui, j'entends. J'entends ce que tu dis.

GEORG *le regarde fixement.* Ignoble. Tire-toi de là. *Il repousse David.* Tire-toi de là, je te dis.

DAVID *s'écarte.* Non, je ne bougerai pas.

GEORG. Dégage !

DAVID. Pourquoi ? – Non, je ne bougerai pas.

GEORG. Rien que de me retrouver dans la même pièce que toi, ça me donne envie de vomir.

DAVID. Alors tu n'as qu'à t'en aller.

GEORG *rit.* Jamais de la vie... j'ai plus de droit à me trouver ici, moi, que tu n'en auras jamais.

DAVID. Vraiment – et qui a décidé ça ?

GEORG. Devine.

DAVID. Toi. *Ils sont tout près l'un de l'autre.*

DAVID. Ne me touche pas.

GEORG. Putain ça risque pas ! Ta gueule, espèce de trou du cul dégueulasse.

DAVID. Est-ce que tu aurais un dictionnaire ?

GEORG. Un dictionnaire, pour quoi faire ?

DAVID. Je trouve qu'on devrait l'ouvrir au mot « esprit ».

GEORG. Quoi ?

DAVID. On dirait que tu as des difficultés à t'exprimer. Mais oui, Georg... Qu'est-ce que tu veux ?

GEORG. Je t'interdis de prononcer mon nom.

David se tait, il plonge son index dans son oreille.

GEORG *lève la main droite dans sa direction, l'agite un peu, va pour dire quelque chose, puis lentement se calme. David attend.* Fais bien gaffe que je ne m'exprime pas dans ton cul. *Il va jusqu'à la cuisinière, aperçoit la nasse avec les rats dans le seau, l'attrape, la pose sur l'évier pour que l'eau s'écoule. Va ensuite, sans dire un mot, se verser du café, poursuit jusqu'à la table de la cuisine, pose le courrier à côté de lui, laisse entendre que David ne doit pas y toucher, sinon il frappe.* De bien jolis mots dont tu te sers.

DAVID. Tu trouves ? *Il tend un verre d'eau en direction des rats.* Je ne comprends pas pourquoi tu te fais pousser ça au visage quand ça te pousse à l'état sauvage entre les fesses !

GEORG. Quoi ?

DAVID. Regarde-toi dans la glace.

GEORG *ne répond pas, il boit son café.* Une tantouze scotchée devant sa glace, ça suffit comme ça dans cette famille.

David se verse du café ; il hésite, il ne sait pas s'il doit quitter la cuisine ou rester. Pour finir, il reste, saute sur le plan de travail et s'y assied. Georg lit le journal.

David commence à siffler « Concorde » du Modern Jazz Quartet, d'abord la mélodie de l'introduction au piano, de John Lewis, puis le jeu de vibraphone de Milt Jakson.

Georg le regarde.

DAVID. Je m'assieds où je veux. Et je vais dans ma chambre quand je sens que je suis mûr pour y aller.

GEORG. Tu l'as enfin, cette putain de chambre, à force de nous rebattre les oreilles avec ça depuis des années – alors, maintenant que tu l'as, tu ne pourrais pas y rester ? Est-ce que tu as la moindre idée de l'argent que ça nous fait perdre – un client par nuit, pour que monsieur ait un endroit où traîner. Et en plus, tu ne sais même pas siffler.

DAVID. Je siffle d'une façon exquise et tu le sais... J'ai l'oreille absolue. *Un silence.* Et toi, qu'est-ce que tu as ?

GEORG. Elle est où cette oreille ? *Sans conviction.* Exquis – enfin, passons.

David siffle.

GEORG *continue à lire.* Dégueulasse. *Il lève les yeux.* Tu as entendu ce que je t'ai dit ? Tu entends ce que je te dis ?

DAVID, *très vite.* Qu'est-ce que tu veux – est-ce que je peux faire quelque chose pour toi ? *Un silence.* Non ? *Il recommence à siffler « Django » – modern jazz Quartet.*

GEORG, *au bout d'un long moment.* C'est censé évoquer quoi, selon toi ?

DAVID. Tu ne reconnais pas ? C'est le solo de John Lewis dans « Django ». Texto.

GEORG. C'est ça. Alors moi je suis Sarah Leander. *Il reste calme.*

DAVID. La tête ou les fesses ?

GEORG. Écoute – dans cette maison, il y a dix-neuf

pièces – est-ce qu'il faut absolument que tu te trouves dans celle-ci ? Arrête ça, putain !

David descend d'un bond du plan de travail.

GEORG. Je vais lui dire, moi, que tu fumes ses cigarettes en cachette.

DAVID. Oh et puis lâche-moi !

GEORG. Je le dirai à maman que tu lui piques ses cigarettes.

DAVID. Eh bien, dis-le.

GEORG. Où est-ce que tu veux aller ?

DAVID, *avec courtoisie.* Je n'en sais rien, je n'ai pas encore pris ma décision, mais je crois que je vais aller jusqu'au kiosque.

GEORG. Il n'ouvre qu'à huit heures.

DAVID. Il est huit heures.

GEORG. Eh bien il n'ouvre qu'à neuf heures.

DAVID. Aujourd'hui c'est mon anniversaire.

GEORG. Tu restes là jusqu'à ce que maman descende.

DAVID. Maman ?

GEORG. Nous avons à te parler, mon bonhomme.

DAVID. À moi ? *Il commence à rire.* Et vous avez besoin de vous mettre à deux pour me parler ?

GEORG *ignore cette réplique, il pose le journal, jette un coup d'œil au courrier.* Apparemment tu n'as pas reçu de lettre de Bengt Hallberg, aujourd'hui non plus. Il n'y a pas de lettre de Bengt Hallberg aujourd'hui non plus.

DAVID. Je me fous de ce que je ne reçois pas.

GEORG *s'est levé. Au moment où David se retourne, il lui prend sa tasse.* Ça te fait rire ?

DAVID. Donne-moi cette tasse. *Furieux.* Donne-moi cette tasse !

GEORG. Tu es assez largué pour imaginer que Bengt Hallberg va se donner la peine de t'écrire ?

DAVID. Donne-moi cette tasse, je te dis !

GEORG. Tu ne crois pas qu'il serait temps d'ouvrir les yeux ?

DAVID. Donne-la moi ou je te tue !

GEORG. Qui ne fait rien, n'a rien... D'accord ? Celui qui ne branle rien n'a pas à se la ramener en s'imaginant qu'il peut se servir quand ça lui plaît et rester à bouffer toute la nuit – non , mais qu'est-ce que tu crois, qu'est-ce que c'est que ces façons ? Pour qui tu te prends ?

DAVID. Ça ne te regarde pas pour qui je me prends.

GEORG. Mais frappe-moi donc, je t'en prie... allez, tue-moi... J'attends... Vas-y ! Alors vas-y !

DAVID. Il n'est pas à toi ce café.

GEORG. Pas à moi ? J'ai trimé pour payer chaque putain de goutte que tu bois dans cette maison, pendant que toi, tu passes la moitié de ta journée à lire sur ton lit... Mais maintenant, c'est fini, tu m'entends ? – Tu vas te mettre à bosser, que ça te plaise ou non. Maintenant c'est fini !

DAVID. Vraiment ?

GEORG. Oui, on en a marre – et maman aussi. Tu ne me crois pas ?

DAVID. Je crois que tu le crois, oui.

GEORG. Tu peux toujours siffler. *Il pose la tasse.* On verra bien qui sifflera le dernier. On verra bien qui elle choisit entre toi et moi.

DAVID. Mais enfin, je vous donne quand même un coup de main... je fais, je fais, je fais... je fais...

GEORG. Ah pour ça oui, tu fais, tu fais tout – seulement tu ne sais rien faire. *Un silence.* Où est-ce que tu es allé chercher cette idée de devenir pianiste ? Qui t'a fourré ça dans le crâne ? C'est ce pédé de Stockholm qui traîne dans le coin ? Alors que tu n'arrives même pas à terminer ton lycée – psychopathe, ça ne va vraiment pas là-dedans ! *Il se frappe le front.*

DAVID. Frappe, frappe plus fort.

GEORG. Si je te vois encore une fois avec cette tapette – je te préviens... si je vous choppe dans le noir toi et ce pervers, je te jure que tu ne sauras plus vers qui aller quand j'en aurai fini avec toi. Ta mère ne te reconnaîtra plus.

David ne s'en va pas, allume la radio.

VOIX DE ARNE THOREN : « Le dernier chapitre de la vie de Chessman sera bientôt écrit. Knight confirme sa décision : pas de grâce pour Chessman. Le gouverneur Goodwin Knight a répété hier qu'il n'avait pas l'intention de gracier Caryl Chessman, mais le nouvel avocat de Chessman a fait observer qu'il espérait toujours pouvoir empêcher que le jeune écrivain ne soit conduit à la chambre à gaz de Saint-Quentin. Sauf imprévu, l'histoire de ce desperado de trente-deux ans, l'écrivain Caryl Chessman, verra son dernier chapitre s'écrire vendredi dans la chambre à gaz de Saint-Quentin, vendredi, c'est-à-dire dans deux jours, exactement, à dix heures du matin. Une dernière tentative est menée aujourd'hui pour sauver Chessman. Le docteur William F. Grasvel, un des médecins doyens de Saint-Quentin, a télégraphié au gouverneur lui déclarant : Ma ferme conviction est que cet homme est psychiquement malade... En outre, je suis convaincu qu'il n'est pas le "criminel de la Lumière Rouge". À New York, un groupe d'auteurs de romans policiers, ainsi que d'autres écrivains, ont fait savoir qu'ils allaient demander la grâce de Chessman. Le docteur Negley K. Teeters, professeur à Temple University, un des principaux experts en matière de prison aux États-Unis, a proposé, dans une lettre au gouverneur, que Chessman soit épargné pour "servir de cobaye pour la science". Ce n'est pas un criminel ordinaire. Cet homme possède un grand talent. La société sait très peu de choses sur la psychopathie criminelle. Cet homme pourrait être utile à la science qui cherche actuellement à déterminer comment et pourquoi un homme devient un ennemi de la société. Après un examen approfondi, Earl Warren, ancien gouverneur de l'État et aujourd'hui président de la Cour Suprême des États-Unis est arrivé à la conclusion suivante : Si le peuple de Californie a fait preuve de sérieux en adoptant la "loi du petit Lindbergh", voici bien un cas où la peine de mort doit être appliquée. Rien ne dit, en effet, que la loi ne doit pas être appliquée aux gens qui écrivent des livres. En cet instant, il reste à Caryl Chessman 27 heures à vivre. Nous vous donnerons d'autres informations au cours de notre journal de midi, si... »

GEORG *écoute lui aussi, mais il regarde fixement David ; puis il ferme la radio.* Il y a encore autre chose à quoi tu dois faire bien gaffe.

DAVID. Fatigué, putain, fatigué. Et c'est quoi ?

GEORG. C'est quoi ? Combien de fois je t'ai dit de ne pas mettre les pieds dans ma chambre ?

DAVID. Ça je ne risque pas de l'oublier ! – Tu répètes toujours la même chose.

GEORG. Toucher à mes disques... à mon sax –

DAVID. MAIS JE NE SUIS PAS ALLÉ DANS TA CHAMBRE TU ENTENDS CE QUE JE TE DIS ! JE NE SUIS PAS ALLÉ DANS TA CHAMBRE !

GEORG. Alors comment se fait-il que le tuyau de mon sax était plein de salive quand je suis rentré hier ? Et pourquoi est-ce que tu cries comme ça ?

DAVID. Tu ne la fermes pas à clef ta chambre ? Hier ? *Une porte s'ouvre. Ils écoutent.* C'est ta mère. *Un silence.* Qu'est-ce qu'il y a ? *Quelqu'un descend l'escalier en chantant fébrilement « Y'a d' la joie ». Les deux frères se regardent.*

Martin entre dans la cuisine, il porte un plateau avec une cafetière, une tasse, des lunettes, un cendrier. Il est en costume gris foncé avec une chemise blanche et un nœud papillon rayé. Désespéré. Il est soigneusement peigné, avec une raie au milieu de cheveux ou gominés ou naturellement raides. Il est nerveux et tente de le cacher – il sait qu'il n'a plus la force de résister à son besoin de boire et qu'il va recommencer encore aujourd'hui – il vient de traverser un moment difficile, il s'est senti seul, traqué, méprisé par lui-même. Il essaie sans cesse de canaliser sa fébrilité – un geste de nervosité, il le cache derrière un mouvement en corrigeant par exemple son nœud papillon, tirant sur ses manchettes, repoussant une cendre de cigarette invisible, se curant les dents, etc. Il siffle. Il bouge souvent un de ses pieds comme s'il scandait un rythme intérieur. – Il parle souvent sur un ton geignard, en s'apitoyant sur lui-même, manifeste les restes d'une grande élégance en ruine. – Autre trait – il est le maître d'hôtel, le laquais, le serviteur, qui dans son attitude soumise et plate, son attente symbolique, s'exprime en une joie et une fierté évidentes de ce qu'il a préparé, mis sur la table : c'est moi qui ai disposé ça comme ça, etc.

MARTIN. Ah, vous êtes là. Good morning, good morning. Good morning !

DAVID. Je ne peux quand même pas entrer dans ta chambre quand tu la fermes à clef.

GEORG. Tu ne peux pas ?

MARTIN. Vous avez passé une bonne nuit ? *Un silence.* Qu'est-ce qu'il y a ?

Georg observe Martin tandis qu'il s'affaire.

MARTIN. Hein ? Je vous ai dit bonjour.

DAVID. Bonjour. Bonjour.

MARTIN. Déjà levé ! Ça ne va pas ?

DAVID. Eh oui, eh oui, eh oui, c'est ça.

MARTIN. Alors le temps des miracles n'est pas encore fini.

DAVID. Comme tu es bizarre. Tu as pété ?

MARTIN. Non, absolument pas.

DAVID. C'est ton parfum naturel ?

MARTIN *remet la nasse avec les rats dans le seau.* Évidemment, il n'y a pas de café. On se demande qui a bien pu venir se faire cuire un tournedos au beau milieu de la nuit – avec du beurre persillé – je ne vous dis que ça ! – Qui ça peut bien être ? Pourquoi ne manges-tu pas en même temps que nous, comme le font les gens normaux ?

GEORG. Ça, moi je peux te le dire – tout simplement parce qu'il n'est pas normal – tu ne l'avais pas encore remarqué ?

DAVID, *avec amusement.* Ce mot me paraît bien osé.

GEORG. Quel mot ?

DAVID. « Normal ».

MARTIN. Ah bon. *Il s'assied. Il allume une cigarette. Il a une façon bien à lui de rester assis, les coudes sur la table tandis qu'il fume et qu'il tourne sa cuillère dans sa tasse, il se racle la gorge et prend un air dégagé.*

GEORG. N'est-ce pas ?

MARTIN. C'est à moi que tu parles ? Oui, oui – c'est possible.

GEORG. Qu'est-ce que tu disais ?

MARTIN. Moi, rien – je ne disais rien... On dirait qu'il va faire chaud aujourd'hui. Vous n'allez pas vous baigner ? *Un silence.* Je demande si vous n'allez pas vous baigner.

GEORG. Il y a de l'écho ?

MARTIN. Il va sans doute faire de nouveau assez chaud aujourd'hui. *Il se racle la gorge.* Et si on y allait tous ensemble... comme on le faisait dans le temps ?

GEORG. Quand ça ?

MARTIN. Quand ? Quand on allait à Copenhague, par exemple – tu t'en souviens, non ?

GEORG. Tu crois vraiment que je me souviens de ça ?

MARTIN. Hein ? Pourquoi tu me parles comme ça. *Il prend un air triste et vexé.* C'était ce que vous aimiez le plus.

DAVID. C'est sympa de ta part de nous le dire, comme ça maintenant on le sait.

MARTIN. Tu t'en souviens bien, voyons – on allait à Copenhague presque chaque dimanche.

GEORG. Parce que toi, tu te souviens de ça ?

MARTIN. Ah bon, ah oui. Alors pardon... pardon d'avoir parlé de ça... Tu ne vas pas en ville, aujourd'hui ?

GEORG. Que veux-tu que j'y fasse ?

MARTIN. Rien, je te posais juste la question...

GEORG. Parce que tu me posais une question ?

MARTIN. Non, rien, je me demandais seulement... *Il commence à siffler « La vie en rose ».* Tu as bien une copine, là-bas ? Et toi, jeune homme ?

GEORG. Le jeune homme, il reste scotché devant la glace.

MARTIN. Quelle glace ?

GEORG. À moins que, peut-être, tu ne passes toute ta journée dans la baignoire ? Tu n'as pas remarqué ? Monsieur y passe des journées entières avec ses livres et son café. Mais qu'est-ce que tu y fous, bon Dieu ? Tu apprends à nager ?

DAVID, *qui a pris le journal avant Martin.* Ça alors, regarde !

MARTIN. Quoi ?

DAVID. Putain, tu savais pas ? Tu savais que Stan Getz va jouer à Copenhague mercredi – regarde ! Norman Graz présente « Jazz at the Philharmonic » – Stan

Getz... Putain... Tu vas y aller ? Je ne pourrais pas y aller avec toi ? Papa ? Je ne pourrais pas y aller avec lui ?

GEORG. Ça, jamais de la vie.

DAVID. Mais je veux y aller.

MARTIN. Il pourrait bien y aller avec toi, non ?

DAVID. J'irai de toute façon, même si c'est la dernière chose que je fais dans ma vie.

GEORG. Et où prendras-tu l'argent ?

DAVID. Je m'arrangerai.

GEORG. Tu as l'intention de piquer encore une fois dans la caisse ?

DAVID. Ici, ce n'est pas toi qui décides, c'est maman.

GEORG. Mais si, je te garantis qu'en ce qui te concerne c'est moi qui décide.

MARTIN. Allons, allons, calmez-vous.

GEORG. C'est tout ce que tu trouves à dire ?

MARTIN. De toute façon que je dise ça ou autre chose, c'est du pareil au même, je le sais.

GEORG. Oui – n'empêche que.

MARTIN. Tu veux bien me le passer ? *Il parcourt le courrier, il ouvre une lettre attendue et prend un air triste.*

GEORG. Qu'est-ce qu'il y a ?

MARTIN. Le coup de grâce.

GEORG. Quoi ?

MARTIN. Les échéances.

GEORG. Et alors ? Tu les as payées, non ?

MARTIN. Quand j'aurais pu les payer ? J'ai écrit pour demander un délai...

GEORG. Et alors ?

MARTIN. Alors ils refusent, c'est écrit là, noir sur blanc.

GEORG. Et alors ?

MARTIN. Alors ?

GEORG. Oui.

MARTIN. Tu es bête ou quoi ?... Il faut que je débourse douze mille couronnes lundi – dans deux jours.

GEORG. Et alors ?

MARTIN. Alors, j'en ai huit mille. Et le reste, où vais-je le prendre ? Tu peux me le dire ?

GEORG. Tu t'en sortiras sûrement.

MARTIN. Et comment ? Tu peux me le dire ?... *Presque comme un cri.* Vous croyez peut-être que je peux chier de l'or !

DAVID. Tu ne peux pas, papa ?

GEORG. C'est tous les mois la même chose – pourquoi es-tu tellement surpris aujourd'hui ?

MARTIN. Qu'est-ce que tu dis ? Sais-tu de combien a baissé notre chiffre d'affaires ? Et sais-tu pourquoi il a baissé ?

GEORG. Je m'en fous complètement.

MARTIN. Eh bien je vais quand même te le dire. Depuis le jour où la réglementation des alcools a été supprimée, notre chiffre d'affaires a baissé de 68 pour cent. *Il rit.* 68 pour cent... On n'en croit pas ses oreilles... Sais-tu ce que cela veut dire ? Eh bien cela veut dire que lorsque nous avons bouclé nos comptes, l'année dernière, nous avions un bénéfice net de deux cent dix mille couronnes, et Dieu sait que ce n'est pas rien. Et bien cette année, si je peux tabler sur un bénéfice de... je n'ose même pas y penser... si nous ramassons quatre-vingt mille couronnes, il faudra s'estimer heureux. Voilà la situation, mon petit bonhomme.

GEORG. Je ne suis pas ton petit bonhomme.

MARTIN. Non, non – mais voilà la situation. Il n'y pas de quoi se réjouir. Non ? Qu'est-ce que tu regardes ? Je fais de mon mieux. Je ne peux pas faire plus.

DAVID. Tu peux me donner quelques pièces de vingt-cinq oere.

GEORG. C'est toi que je regarde.

MARTIN. Ah bon. Ah oui. Pardon de t'avoir demandé ça.

DAVID. Tu me les donnes ?

MARTIN. Merde, pardonne-moi de jurer, mais c'est pour quoi faire ? C'est ce que je viens de dire – vous croyez sans doute que je peux chier de l'or tous les matins. C'est pour quelque chose qui en vaut la peine ?

DAVID. Je te les rendrai.

MARTIN. Tu parles, trois oere pour chaque pièce de vingt-cinq, oui ! Non. Tu n'auras rien.

David va prendre quelques pièces de vingt-cinq oere dans la caisse à bière.

MARTIN, *mollement.* Laisse ça, je te dis.

DAVID *introduit une pièce dans le mesureur de réaction et, avec la rapidité d'un éclair, il presse le bouton.* Regardez, regardez, c'est moi le roi, rapide comme la mort, je suis au rouge encore une fois ! Tu n'as pas la moindre chance de me battre – on parie ?

GEORG. C'est pour les merdeux.

DAVID. Il y a quelque chose de profondément désarmant dans ton incapacité à ne jamais dépasser le niveau « réaction normale », tu as beau rester là à serrer les fesses et suer à grosses gouttes... tu n'as pas la moindre chance. Si tu me bats, je te donnerai ma collection de Maynard Fergusen – tu sais les super 78 tours que j'ai achetés au Magasin du Nord... Tu n'oses pas ! Na na na !

GEORG. Ça ne m'intéresse pas.

DAVID. Non ? Attends... Et si je mets ma main gauche derrière mon dos ? Et si je ferme les yeux ? Si je le fais couché par terre pour le prochain coup...

GEORG. Non. Je ne suis pas comme toi, moi, je n'ai pas le temps de passer des journées entières à m'entraîner.

DAVID. Allez viens. C'est ma tournée.

GEORG. C'est des conneries. *Il presse le bouton.* N'importe quoi !

DAVID *rit.* Qu'est-ce que t'as fait ? Lent ? Bourgeois ? Débile profond ? *Il esquive.* À toi, papa. Allez merde, viens donc. Il faut que tu joues toi aussi. *Après une tendre bousculade, il le pousse jusqu'à l'appareil. David introduit une pièce de monnaie. Il le chatouille.*

MARTIN. C'est du gaspillage.

DAVID. C'est ça, appuie sur le bouton et ferme ta gueule.

MARTIN *presse le bouton et obtient un meilleur résultat que David.* Ha, ha ! Vous voyez. Vous ne vous attendiez pas à ça, hein ?

GEORG. C'est parce que tu as tout le temps la tremblote.

DAVID. Pur bol – tu as appuyé sur le bouton avant que la lampe ne s'éteigne.

MARTIN. Mais pas du tout !

David passe sa main dans les cheveux de Martin. Ainsi, tout ébouriffé, il a l'air ridicule. Georg paraît s'amuser. Peut-être que Martin est un tout petit peu content. Il se recoiffe.

MARTIN. C'est ça, amusez-vous pendant qu'il est encore temps. *Le téléphone sonne dans le bureau.* Allons bon, le téléphone ! Laissez-moi un peu tranquille. *Il entre dans le bureau.* Je n'ai pas le temps de rester avec vous, les gosses – Ici l'Hôtel, bonjour – non, malheureusement, aujourd'hui nous sommes fermés pour inventaire... Mais nous ouvrons demain, à huit heures. Oui, nous avons notre licence, neuf chambres... Trois catégories de menus, des menus pour tous les goûts... Plaît-il ? Un instant je vous prie. Je prends note. Combien ? Demain soir, entendu, c'est parfait ; une chambre double et une simple... Nous allons vous arranger ça... Soyez les bienvenus... Merci... Au revoir, au revoir.

DAVID. Je comprends parfaitement que tu sois obligé de lécher le cul des clients, mais est-ce absolument indispensable de le faire avec autant d'obligeance – autant de zèle. J'ai fait une dissertation qui a été très remarquée sur Abraham – tu sais, le type qui a sacrifié son fils – j'ai fait d'Abraham un serveur de café, c'est devenu très comique, j'ai eu dix-huit sur vingt.

MARTIN. Tu devrais peut-être devenir écrivain.

GEORG. Toi aussi, tu devrais peut-être devenir quelque chose.

DAVID. À propos, il paraît qu'ils vont exécuter Chessman demain.

MARTIN. Ils ne l'ont pas encore exécuté, ce porc ?

DAVID. Il est innocent. Pourquoi tu parles comme ça ?

GEORG. Bien sûr qu'il est innocent – et toi aussi.

DAVID. De quoi tu parles ?

MARTIN. Voilà Elin qui arrive. *Elin entre dans la cuisine avec une tasse de café, deux cadeaux et la cigarette aux lèvres.*

ELIN, *qui aperçoit la nasse avec les rats.* Je vous ai demandé de ne pas sortir cette nasse ! *Elle la retire du seau.* Brrr – Ils sont encore vivants... David ! Emporte-les. *Elle tient la nasse loin d'elle.* Va les lâcher dans la forêt !

GEORG. La forêt ? Quelle forêt ?

ELIN. Je vous interdis de recommencer !

DAVID *prend la nasse et sort en l'agitant comme des maracas.* Carmen Miranda et ses partenaires.

MARTIN. Bonjour ma chérie ! C'est à cette heure-ci que tu descends ?

ELIN *tousse.* Le courrier est déjà passé ?

MARTIN. Je trouve que tu devrais voir un docteur pour cette toux.

GEORG, *qui s'énerve.* Profites-en pour emmener ses raclements de gorge à lui.

MARTIN. Pourquoi parles-tu comme ça ? Je plains maman qui traîne cette toux depuis si longtemps... C'est très irritant. Tu ne comprends pas ?

GEORG. Tu la plains ? C'est nouveau ça.

MARTIN. Qu'est-ce que tu veux dire ?

ELIN *se verse du café et regarde par la fenêtre. Roucoulement de pigeons.* David.

DAVID, *dehors.* Oui.

ELIN. Tu es sorti traîner sur la route, cette nuit ?

MARTIN. Le jour où nous aurons une véritable autoroute par ici, ce sera une bonne chose... Peut-être que ce sera plus attrayant pour les gens de passer par ici.

ELIN. Peut-être, oui. *David revient.* Qu'est-ce que tu en as fait ?

DAVID. Massage cardiaque.

MARTIN. Mais peut-être qu'ils risquent tout aussi bien de se contenter de passer en trombe.

ELIN *s'assied, allume une cigarette.* À leur place, c'est ce que je ferais.

DAVID. Qu'est-ce que c'est que ça ?

ELIN *tend les cadeaux à David.* C'est aujourd'hui ton anniversaire.

DAVID. C'est vrai ça... et pour un anniversaire on vous donne des cadeaux.

MARTIN. Ouvre tes paquets.

DAVID. Qu'est-ce que c'est ?

GEORG, *ironique.* Qu'est-ce que c'est ?

DAVID *ouvre le paquet. Il contient un recueil de poèmes de Gunnar Ekelöf, « Strountes », et un T-shirt blanc.*

Comme il est beau... Merci – c'est exactement le même que celui que j'ai.

MARTIN. Ah bon. Ah oui, mon petit David, c'est aujourd'hui ton anniversaire. Qui aurait cru... *(il se laisse soudain emporter par ses sentiments à l'égard de lui-même – sentimentalité : cruauté en vacances)* qu'un beau jour nous nous retrouverions avec deux braves garçons comme vous, n'est-ce pas, maman ? Au fond, qu'avons-nous fait pour mériter d'être si heureux ? Oui, je repense à ce jour, ce jour du mois d'août en 1939, où nous sommes partis visiter des villas à vendre... Nous avions enfin réussi à convaincre ton père de se porter garant pour un prêt. Nous avons passé toute la journée à visiter je ne sais combien de villas et vers la fin de l'après-midi, mes voûtes plantaires commençaient à s'affaisser doucement, je me suis alors dit, terminé, je ne ferai pas un pas de plus, laissons tomber et rentrons en ville, dans notre petit deux-pièces de Skillinggränd, on ne bougera pas de là... mais alors Elin m'a dit, non, on fait aussi ce quartier – mais après avoir tourné au coin de la rue, il n'y a plus de maisons, que j'ai répondu, il n'y a plus qu'une sablière – mais c'est alors qu'on a découvert la plus belle des petites maisons que j'aie jamais vue ; j'ai dit, celle-là ne peut sûrement pas être à vendre – non, sûrement pas, as-tu répondu, mais j'ai tellement soif, crois-tu qu'on pourrait sonner à la porte et demander un verre d'eau – non, tu ne peux pas faire ça –, eh bien elle a sonné et c'est une petite dame qui est venue ouvrir et la première chose qu'elle a dite c'est : vous venez déjà de la part de l'agence ! Elin a fait comme si de rien n'était... et le vendredi suivant nous avions acheté la maison et déjà commencé à nous installer, j'ai même eu un jour de congé pour aider Elin à accrocher les rideaux... Tu te souviens comme on était heureux, ce soir-là, quand on est revenu en ville ?

GEORG. Tu ne vas pas te mettre à chialer ?

MARTIN. Tu étais chez grand-mère.

GEORG. Tu n'as pas acheté de cadeau ?

MARTIN, *encore plus plat.* On ne sait jamais quoi lui offrir. Il a tout ce qu'on peut souhaiter. *Il sort son vieux portefeuille marron et en extrait un billet de cinquante couronnes.* Tiens, voilà un billet de cinquante, tu pourras t'acheter ce que tu veux. Bon anniversaire, David.

DAVID. Merci papa. Merci beaucoup.

ELIN, *qui trouve que c'est trop d'argent mais ne dit rien.* C'est quoi comme livre ?

DAVID. Des poèmes. Foutaises.

ELIN. Mais c'est bien le livre que tu voulais.

DAVID. C'est le titre : Foutaises.

GEORG. Alors comme ça, c'est aujourd'hui ton anniversaire ?

DAVID. On dirait, oui... tu ne m'as quand même pas acheté quelque chose. Je veux dire, tu n'es pas bête à ce point.

GEORG. Mais si, bien sûr que je t'ai acheté quelque chose. *Il sort.*

DAVID. Je le crois pas !

ELIN. Ça, c'est gentil, n'est-ce pas David ?

MARTIN. Oui... bientôt, David, tu seras grand. *Un silence, comme s'il se parlait à lui-même.* Seulement, je m'interroge sur ce que sera ta vie.

DAVID. Sûr que c'est un disque.

MARTIN. On ne peut pas s'empêcher de s'inquiéter de l'avenir de ses enfants.

DAVID. Ne t'inquiète pas, tout ira bien.

MARTIN. Mais tu peux tout de même comprendre que nous nous inquiétions, ta mère et moi.

DAVID. De quoi ? Je ne peux pas fêter mon anniversaire en paix ?

GEORG *revient.* Alors, bon anniversaire.

DAVID. C'est pour moi ? Vraiment ? *Il est très heureux.* Merci, mais il ne fallait pas, tu sais. *Il ouvre le paquet, en sort un livre.* Merci beaucoup.

MARTIN. Je peux voir ?

ELIN *prend le livre et le regarde.* Comme ça, tu auras quelques livres.

MARTIN. C'est quoi le titre ?

ELIN *lui tend le livre.*

GEORG. Ça s'appelle « Le goût du crime ».

MARTIN. « Le goût du crime » ? Où sont mes lunettes ?

GEORG. Ça parle de deux pédés juifs qui ont assassiné un petit garçon aux États-Unis. Ensuite, ils l'ont enfoncé dans un collecteur d'égouts après avoir essayé de lui laver la bite à l'acide sulfurique.

MARTIN. Ah bon. Ah oui. Ces deux types-là ?... Comment s'appelaient-ils déjà ? Ne s'appelaient-ils pas Léopold et quelque chose comme Loeb ? Oui, c'était une histoire affreuse. Affreuse.

GEORG. Je ne sais pas du tout comment ils s'appellent. J'espère que tu pourras en tirer une leçon.

DAVID. Merci, Georg – merci, merci, merci, c'est un cadeau que je n'oublierai jamais.

ELIN. Que vas-tu faire de tes pigeons, David ?

DAVID. Qu'est-ce que tu dis ?

ELIN. Tu ne trouves pas que ça commence à faire un peu beaucoup ? Je trouve que ça donne une odeur aigre quand il fait chaud.

MARTIN, *agacé.* Qu'est-ce qu'il y a ?

DAVID, *que le livre a rempli de terreur – une terreur faite à la fois de tremblements et d'un sentiment d'accablement qui reviendront sans qu'il en comprenne l'origine – essaie immédiatement d'en refouler la cause.* Non c'est rien... Il n'y a rien.

ELIN. Tu bois trop de café.

MARTIN. Oui, mais c'est de notre faute... je me souviens de ta grand-mère qui te donnait déjà du café, alors que tu n'avais encore qu'un an, tu restais là, assis sur ses genoux, à laper le café. Elle t'aimait beaucoup.

DAVID. Ce n'est pas vrai ! Qu'est-ce que c'est que ces histoires de merde ! Je nettoie tout le temps.

Martin siffle « wonderful Copenhagen ».

ELIN. Quel plaisir peux-tu bien avoir avec ça ?

DAVID. Dès qu'il pleut, la merde s'en va, je veux dire cette saleté s'en va du toit.

ELIN. Il y a eu un orage cette nuit.

MARTIN. Cette nuit ?

ELIN. Tu n'es donc pas allé te coucher comme tu l'avais dit.

DAVID. Quoi ? Non, hier soir je me suis couché à l'aube.

ELIN. Si tu as du mal à dormir, Martin peut te donner un cachet.

GEORG. S'il se rendait utile dans la journée, il n'aurait aucun mal pour dormir la nuit.

MARTIN. Déjà quand tu étais un bébé, tu n'arrivais pas à dormir. Il fallait que je te tienne dans mes bras des nuits entières. Et pour finir, il a fallu qu'on t'hospitalise pour qu'ils t'apprennent à dormir.

GEORG. On ne pourrait pas parler d'autre chose ?

DAVID. Et le gâteau, qu'est-ce qu'on fait du gâteau ?

MARTIN. Quel gâteau ?

DAVID. Le gâteau « princesse », cette horreur !

MARTIN. Cette horreur ? Mais tu as toujours aimé ça !

DAVID. Eh bien, je ne l'aime plus.

ELIN. Mais si, tu aimes le gâteau « princesse », tu l'as toujours aimé.

Martin ramasse ses cigarettes et son briquet en or.

ELIN. Où vas-tu ?

Martin va pour entrer dans sa cage de verre.

ELIN. Tu ne pourrais pas rester un peu assis pour qu'on soit tous ensemble – faut-il toujours que tu te caches dans un coin ? Reste un peu avec nous. Qu'y a-t-il donc de si urgent à faire ?

MARTIN *se racle la gorge.* Je pensais juste vérifier les commandes.

ELIN. Mais mon Dieu, nous ne sommes que le 9 mai !

MARTIN. Mais oui, mais oui, je sais, seulement je suis en retard. Et toi, tu me rebats toujours les oreilles avec ça. Qu'est-ce que tu veux, à la fin ? Est-ce que tu le sais au moins ?

ELIN. Qu'est-ce qu'ils ont dit à la coopérative ?

Martin hoche la tête, négativement.

ELIN. Ils ont hoché de la tête ?

MARTIN. On peut dire ça comme ça.

ELIN. On peut ?

MARTIN. Tu n'as qu'à lire toi-même. *Il lui tend la lettre.*

ELIN *lit.* Qu'est-ce que tu vas faire ?

MARTIN. Pas la moindre idée. Vraiment pas la moindre idée. Je ne sais pas ce que nous allons faire. Il n'y a vraiment plus grand chose que je puisse faire. – C'est la fin des haricots.

ELIN. Quelle insolence, cette lettre ! Tu n'aurais pas pu leur écrire plus tôt. Comment peuvent-ils t'envoyer promener comme ça ! Nous n'avons jamais négligé nos échéances.

MARTIN. Qu'est-ce que ça peut bien leur faire ! *Un silence.* Ils se foutent pas mal de ce que nous allons devenir ! Moi, je peux encore allonger huit mille couronnes, après je suis raide, pas un sou de plus !

ELIN. Et Schmidt ?
MARTIN. Jamais, jamais de la vie. Jamais. Il n'en est pas question.
ELIN. De toute façon tu n'y couperas pas. Va lui parler !
MARTIN. Jamais, je te dis – plutôt mourir !
ELIN. Au lieu de passer des commandes de marchandises et d'alcools pour lesquels on n'a pas de clients.
MARTIN. Je n'irai pas mendier chez lui ! Tu entends ce que je te dis ?
GEORG. Pourquoi est-ce que tu cries ?
MARTIN. Il y a des limites, quand même, à ce qu'on peut faire, sans, sans...
ELIN. Non, il n'y a pas de limites. Surtout en ce qui te concerne.
MARTIN. Mais si, bon sang de merde !
GEORG. Ne crie pas !
MARTIN. Toi, d'abord, ne te mêle pas de ça, c'est pas tes affaires.
GEORG. Pourquoi tu n'oses pas aller chez Schmidt ?
MARTIN. Je n'ose pas ? Et de quoi j'aurais peur ?
ELIN. Il a tellement d'argent qu'il ne paie même plus.
MARTIN. C'est notre meilleur client, De quoi ça aurait l'air si j'allais lui demander de nous prêter de l'argent ? Tu ne comprends pas ? Tu n'as aucun sens des bonnes manières qui...
GEORG *ricane.* De quoi ? Des bonnes manières ? Lui qui vient ici pour dégueuler partout ! C'est ça des bonnes manières ?
MARTIN. Appelle ça comme tu voudras.
ELIN. Hier il était là, et à dix heures et demie il était complètement rond. Il a soulevé la nappe et il a dégueulé à même la table, après il a reposé la nappe bien dessus, il a bien aplati le tout et il a remis le vase de fleurs et le cendrier à leur place.

MARTIN. Quel culot… Qui servait à sa table ?
ELIN. Agneta.
GEORG. Tu ne te rappelles pas la semaine dernière, il était tellement saoul que Berggren n'a pas osé le ramener et qu'on lui a donné la sept. Eh bien, il a fait la même chose – il a dégueulé dans le lit et après il a posé la couverture dessus et le couvre-lit et il est rentré chez lui – demain, tu auras sûrement des fleurs.
MARTIN. Je n'ai jamais rien entendu de pareil. Pourquoi est-ce que personne ne me tient au courant ?
ELIN. Je te garantis que la note du pressing, il va nous la payer.
MARTIN. C'est un véritable porc cet homme-là !
DAVID. Vas-y papa, te laisse pas faire – il n'y a rien de tel pour se mettre en colère que d'être sans cesse humilié. Vas-y, déploie tes ailes !
MARTIN *soupire.* Pour s'en sortir il faudrait commencer par supprimer du personnel, mais maman s'y refuse.
ELIN. Les salaires ne sont pas la charge la plus importante.
GEORG. Je trouve qu'on devrait commencer par supprimer David.
MARTIN. Ne recommence pas.
GEORG. Vous tenez vraiment à ce qu'il se prélasse ici, tout l'été, la panse au soleil ? Alors, je vous avertis, moi, je m'en vais. *À Elin.* Tu n'entends peut-être pas ce que je dis ? Ou tu t'arranges pour qu'il se trouve un boulot ou bien c'est moi qui fiche le camp.
ELIN. Et tu iras où ?
GEORG. T'inquiète pas pour ça,
ELIN. Tu ne peux quand même pas nous faire ça ?
GEORG. Et après, tu pourras toujours essayer de dégoter quelqu'un qui travaille autant que moi – la pein-

ture, les courses, la vaisselle, le toit, le service, le ménage, les tables, la cour –

MARTIN. D'accord, d'accord, d'accord, mais est-ce qu'on est obligé de parler de ça maintenant ?

GEORG. Oui, il le faut.

ELIN. Oui, c'est absolument nécessaire.

MARTIN. Oui, alors parlons-en, Que veux-tu que je fasse ?

GEORG. Donne-lui une bonne raclée. Pour lui donner une bonne leçon. Si tu n'en as pas la force, je peux t'aider.

ELIN. David... N'y a-t-il vraiment rien que tu veuilles faire ?

DAVID. Si il y a des tas de choses. Tiens par exemple mettre ce type là-bas en bouillie.

GEORG, *agressif.* Il se trouve un boulot ou il dégage. C'est lui ou moi. Si vous n'arrivez pas à vous faire obéir, c'est moi qui ficherai le camp. Assez de blabla comme ça. *Indigné, désespéré.* Je ne supporte plus de le voir. Regardez-le... *Il se lève.* Qu'est-ce que t'as à te marrer comme ça ? Tu n'es pas normal.

MARTIN. Où vas-tu ?

DAVID. Salut, gros lard !

GEORG, *blanc de colère.* Qu'est-ce que tu as dit ?

ELIN. Calme-toi, Georg !

DAVID, *avec l'accent anglais.* Calme-toi, Georg.

GEORG. Qu'est-ce que tu as dit ?

DAVID, *en anglais.* Keep quiet, Georg.

ELIN. Monte dans ta chambre.

DAVID. Pourquoi ? C'est pas moi Georg.

ELIN. Monte, je te dis.

GEORG. Non, qu'il reste... Allez-y, prenez son parti.

ELIN. Je ne prends le parti de personne. Je suis tout à fait d'accord avec toi : il faut qu'il trouve un travail.

GEORG *sort.* Vous verrez bien.

Martin entre dans sa cage vitrée. Il s'assied et il allume une nouvelle cigarette.

ELIN *sort des serviettes de l'armoire, une quarantaine qu'elle commence à plier.* Est-il absolument nécessaire que tu le fasses enrager ?

DAVID. Je n'y peux rien, c'est sa brutalité crasse qui fait remonter tout ce qu'il y a de désagréable en moi.

ELIN, *aimable.* À qui joues-tu, aujourd'hui ?

DAVID. Aujourd'hui, maman, je joue à être moi-même.

ELIN. Je me demande pourquoi tu es comme ça. *Un silence.*

DAVID. Tu te demandes ?

ELIN. Oui, mon petit. *Un silence.* Qu'y a-t-il de si terrible à se retrouver parmi les gens ?

DAVID. Conneries. Quels gens ? Où y sont ces gens ?

MARTIN. Ne parle pas à ta mère sur ce ton.

ELIN. Tu ne peux pas rester là comme ça, toute ta vie.

DAVID. Conneries.

ELIN. C'est toi qui en souffriras le plus.

DAVID. C'est possible. Conneries.

MARTIN. Tu entends ce que je te dis – ne parle pas à ta mère sur ce ton.

ELIN. Mais que veux-tu devenir ?

DAVID. Comment dis-tu ? Devenir ?

ELIN. Oui, que vas-tu devenir dans la vie ?

DAVID. Quand ?

ELIN. Quoi ?

DAVID. Rien.

ELIN. David.

DAVID. Je ne sais pas.

ELIN. Qu'est-ce que tu ne sais pas ?

DAVID. Je ne le sais pas non plus.

ELIN. Ne crois-tu pas qu'il serait temps que tu essaies de le savoir ?

DAVID. C'est ce que j'ai fait. Ça ne vous a pas plu.

ELIN. Mais enfin, qu'est-ce que tu veux ?
DAVID. Un veston noir.
ELIN. Il y a bien quand même quelque chose que tu veux faire ! Tu ne peux pas traîner comme ça le jour et la nuit !
DAVID. Pour les nuits, je fais bien ce que je veux.
ELIN. Ne te balance pas comme ça sur ta chaise.
DAVID. Alors, autant que je me tire.
ELIN. Comment ?
DAVID. Autant que je vous dise au revoir, merci et que je me tire.
ELIN. Blabla, blabla, et où iras-tu ?
DAVID. Tu verras bien. Je t'enverrai une carte postale.
ELIN. Si tu partais, tu ne tiendrais pas un jour dehors.
DAVID. Vraiment ? Et pourquoi pas ? Putain ça ne peut quand même pas être plus merdique qu'ici.
ELIN. Comme tu jures !
DAVID. Est-ce que je n'ai pas raison ? Qu'est-ce qu'il y a ?
ELIN. Ne parle pas comme ça.
DAVID. Tu seras débarrassée de ma vue. Pourquoi tu m'as empêché de partir plus tôt ? Je suis désolé, mais Ivan, lui, il est parti pour la guerre, en 18, quand il avait seize ans et tu dis que je lui ressemble tellement. Tu te fous pas mal de ce qui m'arrive – du moment que je ne suis pas sous tes yeux. Tu prends toujours le parti des serveuses contre moi !
ELIN. Non ce n'est pas vrai !
DAVID. Je vais m'en aller. M'en aller. Comme ça tu pourras rester ici avec ta poupée ventriloque dans son cagibi ! *Il rit.*
ELIN. Quel rire grossier !
DAVID *se lève pour partir.* Tu peux bien rester là, à plier tes sales nichons ! *Avec une haine lucide.* Je sais bien qui tu es ! Tu m'entends ? *Il ne sort pas.*

MARTIN *sort de sa cage vitrée.* Qu'est-ce que tu fais ?

ELIN. Tu ne le vois pas ?

MARTIN. Faut-il absolument que tu fasses ça maintenant ?

ELIN. Tu peux toujours m'aider, si le cœur t'en dit.

MARTIN. Une fois de plus tu fais le travail de Mona. À quoi ça rime. Ça ne rime à rien. Pourquoi veux-tu que je la paie pour faire un travail que tu as déjà fait ? Tu peux m'expliquer ça ?

ELIN. Parce que tu crois qu'elle n'a pas assez d'ennuis comme ça ? *Un silence.* Avec son ivrogne de mari qui l'attend. Elle n'ose même plus rentrer chez elle. Un de ces jours il va la tuer.

MARTIN. Oui et bien je ne peux quand même pas me transformer en assistance sociale pour le reste du monde. Et ne t'imagine pas qu'on t'en sera reconnaissant... non, elles rient toutes dans ton dos et tout ce qu'elles trouvent, c'est que tu es bête.

ELIN. Mon Dieu, Martin, je ne fais que plier quelques serviettes.

MARTIN. Oui, je sais que tu travailles très vite, tu n'as pas besoin de me le dire. C'est pour moi une chance inouïe que tu sois là. Sans toi je n'en serais sûrement pas là. C'est sans doute pour toi qu'elles restent.

ELIN. Voilà, j'ai terminé.

MARTIN. Et maintenant, qu'est-ce que tu vas faire ?

ELIN. Je vais ranger les serviettes dans le buffet et je descendrai ensuite à la cave pour trier les nappes d'hier. *Elin range les serviettes, puis elle passe une blouse en nylon rose.*

MARTIN. Il faut vraiment que tu mettes ça ?

ELIN. Tu veux que je te la prête ?

MARTIN. Tu n'as rien d'autre à faire ? *Un silence.* As-tu donné à manger aux pigeons ?

DAVID. Il leur faut un régime pour qu'ils chient moins.

MARTIN. Tu as fait ton lit ?

DAVID *le regarde avec étonnement.* Non, mais ça ne va pas ? *On entend de la musique qui arrive de l'étage supérieur, Georg est dans sa chambre et il fait passer Gerry Mulligan, il s'accompagne sur son saxo ténor qu'on entend un peu plus fort que les autres instruments. La mélodie : Line for Lyons.*

David écoute voluptueusement.

MARTIN. Et voilà c'est reparti. Ça recommence. Ce foutu boucan recommence. Ça y est c'est reparti.

DAVID. Silence !

MARTIN. N'y a-t-il pas un endroit où l'on pourrait rester en paix ?

DAVID. Tu ne peux pas te taire, non ! Tu ne pourrais pas avoir la gentillesse d'aller dans ton bureau, commander... commander quelques petites raies au milieu !

La musique continue, Martin souffle la fumée de sa cigarette qui parvient jusqu'au visage de David. C'est un geste mou et ricaneur.

MARTIN *soupire et se détend soudain.* Je me demande ce que je pourrais faire de toi.

DAVID. Donne-moi un tourne-disque.

MARTIN. Un tourne-disque ?

DAVID. Oui, un tourne-disque.

MARTIN. Pour quoi faire ? Tu as déjà celui-là. *Il montre, en se trompant, l'appareil de radio.* Ma parole, selon toutes les apparences vous croyez vraiment que je peux chier de l'or.

DAVID. Là, on ne peut passer que des 78 tours – pas des 33.

MARTIN. Ça te suffit, non ?

DAVID. C'est assez logique que tu penses ça. Je ne peux en écouter que la nuit. Et la nuit je n'ai pas le droit.

MARTIN. Écoute, pourquoi ne monterais-tu pas dans

ta chambre maintenant pour faire ce qui te plaît – n'importe quoi. Ou alors un tour à bicyclette ?

DAVID. Pourquoi ? Mais parce que je suis bien où je suis. Tu veux te débarrasser de moi, toi aussi ?

MARTIN. Me débarrasser de toi ?

DAVID. Oui, vous êtes tous après moi, comme si vous étiez le F.B.I, toi, maman et l'autre là-haut, cet espèce d'Edgar Hoover.

MARTIN. Mais pourquoi je voudrais me débarrasser de toi ? Reste donc si tu en as envie.

DAVID. Merci.

MARTIN. Et d'ailleurs qu'est-ce que tu peux bien savoir du F.B.I. ?

DAVID. En tous cas, j'en sais plus long que toi.

ELIN *passe.* Ne te balance pas comme ça sur ta chaise.

DAVID. Avoue que l'autre gros lard, il a tout ce qu'il veut et que ça a toujours été comme ça – le train électrique, le saxophone, la moto, une chambre à lui et voilà même que maintenant il va avoir une barbe... À peine le temps de demander quelque chose qu'il l'a immédiatement. Et moi ? Qu'est-ce que j'ai, moi ? Le vieil appareil tout poussiéreux avec des bandes magnétiques qu'on ne trouve plus, du coup je suis obligé d'effacer tous les morceaux que j'aime.

ELIN. David, lui il travaille.

DAVID. Mais qu'est-ce que vous en savez ? Merde à la fin !

ELIN. Quel langage... C'est ça que tu apprends au lycée.

DAVID. Vous n'auriez pas pu vous contenter de lui, le bébé modèle qui bossait déjà au berceau. Pourquoi a-t-il fallu que vous m'ayez, moi aussi ?

MARTIN *se lève.* Si c'est pour vous disputer comme ça, allez ailleurs. Moi j'essaye de composer les menus de la semaine prochaine.

Elin tousse.

MARTIN. Comment te sens-tu ? Où vas-tu ?

ELIN. Je descends à la cave trier les nappes à laver et voir lesquelles on peut encore raccommoder sans que ça se voie trop. On pourrait prendre des nappes moitié moins grandes, ce serait aussi bien.

MARTIN. Mon Dieu... je vais devenir fou.

DAVID. On ira te voir, on a l'habitude.

MARTIN *soupire.* Mais qu'est-ce que j'ai donc fait !?

DAVID. Tu veux que je te dise ? Tu veux que je te dise ? Tu le veux ? Tu sais comment elles t'appellent les serveuses, ici ? Elles t'appellent : Le pont des soupirs. Le quai des brumes. Autant en emporte le vent. Maudit pour l'éternité. Soif.

MARTIN. Ah bon.

DAVID. C'est pas vrai maman ?

MARTIN. Tu ne pourrais pas aller m'acheter un paquet de cigarettes ?

DAVID. Et qu'est-ce que tu me donnes ?

MARTIN. Je te donne une bonne paire de baffes pour t'apprendre à me parler sur ce ton.

DAVID. Essaie un peu pour voir. *Un court silence.* J'y vais si tu me donnes une pièce de dix.

MARTIN. Non mais ça va pas la tête ? Si ta mère t'entendait.

DAVID. Oui, c'est ma mère, pas la tienne.

MARTIN. Pour ça non, Dieu m'est témoin.

DAVID. Cinq alors.

MARTIN. Pour faire trois cents mètres jusqu'au kiosque ? Alors que tu y cours plusieurs fois par jour. Je t'ai déjà donné un billet de cinquante couronnes aujourd'hui.

DAVID. Eh bien alors tant pis. Vas-y toi-même.

MARTIN. Si j'avais parlé comme ça à mon père, je ne peux même pas imaginer ce qu'il m'aurait fait. Il m'aurait battu à mort.

DAVID. Allez c'est bon, deux couronnes. Qu'est-ce que tu veux ?

MARTIN. Tu le sais bien. Je fume toujours des Ritz. Un paquet de Ritz, des longues.

DAVID. D'accord. Je monte juste chercher mon pull.

MARTIN *crie.* Ne cours pas si vite, tu pourrais tomber et te casser le cou.

DAVID, *qui est déjà au deuxième étage.* Qu'est-ce que tu dis ?

MARTIN. Ne cours pas comme ça – non rien. *Un silence.* Déjà là ?

DAVID *enfile son pull.* Passe-moi le fric.

Martin sort son portefeuille et il lui donne de l'argent. David se précipite au dehors. Martin va jusqu'à la fenêtre. Il le suit du regard. Puis il se dirige jusqu'à la porte de la cave, écoute. Il revient dans la cuisine, ouvre très vite, et d'une main qui tremble, l'armoire à liqueurs, sort une bouteille de Vodka, dévisse le bouchon, lutte avec lui-même, repose la bouteille, ferme les yeux, respire violemment – revisse ensuite rapidement le bouchon, avale, ferme l'armoire et s'éloigne presque en courant, il entre dans son bureau, attrape une boîte de calmants, la secoue si bien que plusieurs comprimés tombent par terre, il en avale quelques-uns, en ramasse d'autres, essaie de les remettre, halète comme s'il venait de courir un cent mètres. Il va ensuite dans la cuisine et fait descendre les comprimés avec un verre d'eau. Il tente de se calmer, retourne une fois encore jusqu'à la fenêtre, écarte le rideau gris – se met à appeler les pigeons, il les imite très habilement avec de profonds bruits de gorge, parle avec l'un d'eux et devient à la fois émouvant et grotesque.

ELIN, *qui est remontée de la cave.* Qu'est-ce que tu dis ?

MARTIN. Aaah ! Au secours ! Au secours ! *Il porte la*

main à son cœur. Mon Dieu, comme tu m'as fait peur !... Mon cœur... Aïe, aïe aïe... Il ne faut pas me surprendre comme ça – tu me feras mourir de peur ! Pourquoi faut-il toujours que tu surviennes aussi silencieusement ?

ELIN. Quelle heure est-il ?

MARTIN. Tu le vois bien. Dix heures, pile, bientôt.

ELIN. Qu'est-ce que tu fais ? *Elle trouve ses cigarettes, en allume une et s'assied.*

MARTIN. Comment ? Oh quelle peur !

ELIN. Tu es tout pâle.

MARTIN. Rien d'étonnant avec une femme qui se faufile partout comme un rat empoisonné.

ELIN. Tu ne te sens pas bien ?

MARTIN. Non, je ne me sens pas bien.

ELIN. Ah bon.

MARTIN. C'est rien. C'est l'estomac. *Il fait des bruits, happe l'air.* Des trucs qui remontent.

ELIN. Quel genre de truc ?

MARTIN. Je ne sais pas. Comment veux-tu que je le sache !... Ce doit être mon ulcère. Je ne supporte pas le lait.

ELIN. Tu n'as qu'à boire de l'eau.

MARTIN. Merci, c'est agréable.

ELIN. Qu'allons-nous faire de David ?

MARTIN. David ? Qu'est-ce qu'il a David ? *Un silence.* Je n'en sais rien, Elin.

ELIN. Ne serait-il pas temps qu'on en parle ?

MARTIN. Tu veux dire que tout ça c'est de ma faute ?

ELIN *ne sait pas que répondre.* Il est monté ?

MARTIN. Non, il est sorti. *Il se met à siffler « Le canard sauvage ».*

ELIN. Eh bien ?...

MARTIN. Que veux-tu que je fasse ? Que je le jette à la rue ?

ELIN. Fais preuve d'un peu de fermeté. Essaie de te montrer avec lui comme un père.

MARTIN. Oui.

ELIN. Qu'est-ce qui sent ?

MARTIN. Oui ? Il y a quelque chose qui sent ?

ELIN. Oui, qu'est-ce que tu sens ?

MARTIN. Moi ? Je ne sens rien ! Je viens de sucer une pastille pour la toux. Alors, je ne peux même plus sucer des pastilles. *Il lui souffle au nez.* Tu vois ! Une simple pastille ! Alors qu'est-ce que t'en dis ? Je peux aller travailler maintenant ?

ELIN. Nous parlions de David.

MARTIN. C'est toi qui parlais de David.

ELIN. Ce n'est pas moi, c'est Georg. Mais je suis d'accord avec lui.

MARTIN. Mais toi, tu le sais bien toi ce qui serait le mieux pour lui. Il a beaucoup plus peur de toi que de moi.

ELIN. Alors il faut m'aider en restant très ferme, s'il s'adresse à toi.

MARTIN. Oui, oui... Je ferai ce que je peux. Ça te va ? J'ai écrit le menu pour demain – tu as le temps ?

ELIN. Écoute-moi, Martin, tu ne pourrais pas monter dans sa chambre pour discuter calmement avec lui, et lui faire comprendre que c'est plus possible... On peut aller au bureau de placement lundi. C'est une honte – Il s'incruste ici. On n'a jamais pu l'envoyer nulle part, même pas en colonie de vacances.

MARTIN. Mais si, il y a quelques années, il est allé à la colonie des Aiglons.

ELIN. Ah oui, et ce ne sont pas les scènes qui ont manqué !

MARTIN. Veux-tu que je te lise le menu maintenant ou ne veux-tu pas ?

ELIN. Pardon ?

MARTIN. J'essaie de diriger un hôtel, moi.

ELIN. Tu peux me lire tout ce que tu veux.

MARTIN. Merci. *Il se racle la gorge.* Alors on commencera par des petits canapés. Bouchées à la reine. Consommé, ensuite j'ai pensé qu'on pourrait mettre une sole au gratin.

ELIN. Mais il n'y a pas de poisson, demain.

MARTIN. Mais si, imagine-toi. Demain, le marchand de poisson vient voir sa mère à la maison de repos, alors, je lui ai demandé de nous apporter quelques soles.

ELIN. Mais il nous les fera payer bien plus cher.

MARTIN. C'est possible. *Un silence.* Seulement, est-ce que je dirige un hôtel ou un bistrot de quatrième catégorie ?... Après la sole, de la gelinotte – ça te va ? De la cervelle sauce poulette et –

ELIN. La gelinotte ne suffit pas ?

MARTIN. C'est toi ou c'est moi qui compose le menu ?

ELIN. Oui, mais c'est inutile.

MARTIN. C'est toi ou c'est moi qui dirige le restaurant ?

ELIN. Simplement, je ne comprends pas pourquoi il nous faut avoir tant de choses alors qu'il ne vient jamais personne.

MARTIN. Tu ne comprends pas et moi, je n'ai pas la force de te l'expliquer maintenant.

ELIN. Tu ne vas quand même pas préparer de la cervelle ? Tu ne crois pas qu'on pourrait la garder pour la servir lundi.

MARTIN. MAIS NOM DE DIEU, TU NE COMPRENDS DONC PAS QU'ON NE PEUT PAS LA GARDER PARCE QUE LUNDI ELLE SERA À MOITIÉ POURRIE ! TU COMPRENDS MAINTENANT ? LUNDI ELLE SERA À MOITIÉ POURRIE, SEULEMENT CELA TE CONVIENDRAIT PARFAITEMENT QUE MONA LA SERVE LUNDI ! Non mais là autant arrêter. À moins que tu veuilles écouter ce que nous aurons comme dessert ?... Compote de fruits glacée – ça te va ou tu veux que nous mettions des poires ? *Un silence.* Comme vins : Amontillado, Château Margaux... Non, c'est trop recherché. On supprime les vins – on prendra de l'aquavit, de la bière et on peut aussi décrocher le Dardel dans le restaurant de première classe et le remplacer par un tableau de Lars Norrman !

ELIN. Le boucher aussi attend d'être payé ?

MARTIN. Évidemment qu'il attend. C'est toi qui es complètement bouchée !

ELIN. Et le boulanger ?

MARTIN. Évidemment, il y a trois semaines qu'il aurait fallu le payer. Il n'y a pas une personne qui n'attende pas d'être payée, sauf moi. On dirait !

ELIN. Ah bon ?

MARTIN. Évidemment, Elin – je ne sais pas quoi te répondre – je travaille dix-huit heures par jour, comme toi, et tout ce qu'on fait c'est de perdre de l'argent, lentement mais sûrement.

ELIN. C'est bien ce que j'essaie de te faire entendre, Martin.

MARTIN. Et moi, je ne vois pas comment ça va finir – tu peux le voir, toi ?

ELIN. Tu n'aurais jamais dû prendre une gérance dans ce trou.

MARTIN. Ah, ne recommence pas ! Ce n'est tout de même pas de ma faute si ce gouvernement socialiste a rayé toute ma vie et toutes mes ambitions d'un coup de plume et s'efforce de ruiner tout ce que nous entreprenons – ce n'est tout de même pas de ma faute.

ELIN. Mais j'ai cru que ça finirait par s'arranger.

MARTIN. Mais ça s'est arrangé ! Ça va mieux. Nous travaillons à notre compte même si pour le moment cela ne rapporte rien. C'est à nous ! Ça ne compte pas pour toi ? Peut-être trouves-tu que tu étais mieux aux chèques postaux... tu veux peut-être y retourner et reprendre les allers-retours... Tout de même, vous ne manquez de rien, vous mangez à votre faim – les gosses ont tout ce qu'ils veulent... Ils sont tellement gâtés que c'en est une honte. Ils ont chacun leur chambre tandis que moi... moi, j'ai à peine un bureau où je peux m'occuper de mes affaires, il faut que je reste dans ce cagibi exposé au regard de tous.

ELIN. Je ne me plais pas ici... Jamais je n'ai voulu m'installer ici. Tous mes amis...

MARTIN. Je sais ce qu'ils te disent tes amis ! Je sais ce que tes amis pensent de moi... Mais combien d'entre eux peuvent se vanter d'avoir un revenu annuel de deux cent dix mille couronnes... Tu aurais préféré que je continue à trimer pour les autres, serveur pour le restant de mes jours. Eh bien, jamais, tu m'entends. Jamais. Jamais je ne recommencerai. Je préfère me suicider. Comme ça tu pourras retourner à Stockholm et vivre avec l'argent que t'aura rapporté mon assurance. J'ai l'intention de payer jusqu'au bout. Je ne dois rien à personne, moi !

ELIN. Ton assurance ! Il y a huit mois que tu n'as pas payé les primes de ton assurance-vie !

MARTIN. Qu'est-ce que tu racontes ? Pas payé ! Qu'est-ce que tu entends par là ? Tu es allée fouiller dans mes papiers ? Bien sûr que si, j'ai payé, je te le garantis, moi.

ELIN. Non.

MARTIN. Si, je te dis.

ELIN. Non, Martin.

MARTIN. « Non, Martin »... Après tout, tu peux croire ce que tu veux... est-ce que tu te rappelles ce qu'était notre vie... As-tu la moindre idée de ce que je pouvais éprouver en rentrant toutes les nuits à trois heures du matin ? Jamais je ne pouvais te voir. Pendant dix ans je n'ai pas eu une seule nuit où j'ai pu dormir vraiment. Tout ce à quoi j'avais droit : un gosse qui hurlait toute la nuit et une femme que je n'avais jamais le droit de toucher !

ELIN. Mais après, c'est allé mieux.

MARTIN. Pas pour moi. *Un silence.* Non, Elin... Pas pour moi. J'ai vécu un enfer. Et comme si tout ça ne suffisait pas, ils me méprisaient tous, ta famille, tes amis... toute cette bande de charognes... Maintenant, il paraît que je suis acceptable... Maintenant, ils nous acceptent, maintenant qu'ils peuvent venir habiter à l'hôtel, manger et boire autant qu'ils en ont envie.

ELIN. Je vais leur dire qu'ils ne sont plus les bienvenus.

MARTIN. Tu ne leur diras rien du tout. Ils peuvent venir, ils sont les bienvenus. Ne t'aventure pas à dire une chose pareille. Si seulement tu pouvais m'aider. Si un jour, un seul jour, je pouvais échapper à tes horribles soupçons.

ELIN. Est-ce que je n'ai pas –

MARTIN. Non, tu n'as pas !

ELIN. Ah oui... Dès que nous avons eu des soucis, tu as recommencé.

MARTIN. Je n'aurais jamais arrêté si c'était le cas. Arrête donc.

ELIN. Chaque fois que nous sommes allés à Stockholm, on avait à peine le temps de manger, de passer un bon moment que Mona téléphonait.

MARTIN. Des conneries...

ELIN. Pas du tout.

MARTIN. Mais maintenant, tout ça, c'est fini. Tu m'entends ! Tu entends ce que je te dis ? Je deviens fou. Que veux-tu que je fasse ? Si un jour, tu pouvais me donner... Si un jour, Elin, tu pouvais m'aimer.

ELIN. Je le peux, Martin.

MARTIN. Oui, tu le peux, mais il est comment ton amour ?

ELIN. Désespérément fort.

MARTIN. Elin... *Il lui prend la main.* Alors, ne passe pas ton temps à dire que je ne m'en sortirai pas.

ELIN. Moi, quoi que je dise, ce n'est pas ça qui nous rendra la vie plus facile.

MARTIN. Non... non... seulement, je pensais... je pensais que peut-être tu pourrais... nous pourrions mettre les bijoux en gage.

ELIN. Non.

MARTIN. Non ?

ELIN. Non, jamais... jamais.

MARTIN. Alors non... c'est non.

ELIN. Les bijoux qui me viennent de ma mère – non.

MARTIN. Non, je le savais bien... Même si ce n'est que pour faire un emprunt à ton nom, un emprunt que nous rembourserons dès que nous aurons de l'argent.

ELIN. Cela ne change rien. C'est tout ce qui me reste de ma famille.

MARTIN. Tu as aussi le lustre.

ELIN. Et je ne m'en séparerai jamais, quoi que tu dises.

MARTIN. Mais tu es ma femme ! Ou tu ne l'es pas ? Tu ne peux pas aider ton mari ?... Non, tu ne penses jamais à ça. Ça ne te viendrait jamais à l'idée.

ELIN. Je ne les mettrai jamais en gage et je ne les vendrai jamais.

MARTIN. Non, et il te serait tout aussi impensable de demander à Erik et à Marianne ? Ils sont riches comme Cassius.

ELIN. Crésus.

MARTIN. À peine quatre mille couronnes. Pourquoi ne pas leur téléphoner ?

ELIN. Non.

MARTIN. Mais pourquoi ?... Tu peux quand même dire pourquoi.

ELIN. Non, je ne veux pas. Je ne veux plus rien leur demander.

MARTIN. Tu ne veux plus... mais qu'est-ce que je t'ai fait ? Qu'est-ce que je t'ai fait ?... Oui il vaut mieux que je disparaisse... Pour que toi et les gosses vous puissiez vous amuser un peu. Seulement, je vais te le dire, moi, si tu ne demandes pas à Erik et Marianne, il n'y a plus aucune issue pour moi. Tu comprends ça ?... La faillite. Aux yeux de tous, et ça je ne le supporterai pas... Je n'aurai jamais la force de porter ça... Tu m'entends ? J'ai vu quelle vie a eue mon père... alors, après ça, tu pourras aller au diable et emporter avec toi le lustre de ta mère. *Il se lève et entre dans sa cage vitrée.*

DAVID *revient avec le paquet de cigarettes, il rencontre Elin qui sort.* Qu'est-ce qu'il y a, maman ?

Elin passe devant lui sans rien dire.

DAVID. Qu'est-ce qu'il y a maman ? *Elle entre dans la cuisine, il va jusqu'à la cage vitrée.* Qu'est-ce que tu as fait ?

MARTIN. Je n'ai rien fait.

DAVID. Pourquoi maman pleure ?

MARTIN. Elle ne pleure pas.

DAVID. Pourquoi maman ne pleure pas ?

MARTIN. Est-ce que tu l'as jamais vue pleurer ?

David va jusqu'au réfrigérateur, il boit un verre de lait.

MARTIN. Ne bois pas si vite... Tu veux te crever la panse ?

DAVID. Alors, tu les veux ou tu ne les veux pas, tes

putain de clopes ? Qu'est-ce que vous avez encore à vous bagarrer ?

Martin sort.

DAVID. Pourquoi tu te coiffes comme ça ?

MARTIN. Comment comme ça ?

DAVID. Avec la raie au milieu.

MARTIN. J'ai toujours été coiffé comme ça depuis ma première communion, qu'est-ce qui ne va pas ?

DAVID. Rien, c'est parfait. Mais cette raie donne une impression de désagréable correction – nette comme une entaille – comme coiffée à la guillotine. *Il se coiffe comme Martin.* Alors, ta raie, tu la mets à sécher tous les soirs ?

MARTIN. Ah bon...

DAVID. Oui.

MARTIN, *bas.* Je ne vois pas ce que tu veux dire. Ma coiffure me plaît.

DAVID. Il est l'heure maintenant ? C'est à ça que tu penses ? Père ? Je pense que tu ne devrais pas le faire, père.

Martin ne dit rien.

DAVID. Je regrette de dire « père », je voudrais dire « papa ». Mais tu n'es ni l'un ni l'autre... Tu ne pourrais pas le devenir un de ces jours ? Et ne prends pas cet air de martyr.

Martin prend les cigarettes et retourne dans sa cage vitrée. David presse son visage contre la vitre comme s'il se reflétait dans l'expression de Martin. Puis il quitte la cuisine. Martin reste assis avec son air outragé et désespéré.

Deuxième acte
(12.00 – 16.30)

La radio marche, l'horloge de l'Hôtel de Ville sonne douze coups – puis vient « Le Poème du jour ». Ulf Palme lit un poème de Rjalmar Gullberg. Martin est seul dans la cuisine, il prépare le déjeuner et ferme la radio. Il a enlevé sa veste et bu quelques verres – cela ne se remarque pas. Il a caché des bouteilles d'alcool en divers endroits. À la fois inquiet et détendu. Il verse négligemment à côté et ne s'en aperçoit pas. Il fait cuire quelque chose. Essuie des assiettes. Met la table. La regarde. Approuve. Siffle. Fait une pause dans ses préparatifs. On le voit contrôler toutes les portes et toutes les fenêtres, puis ouvrir un élément sous l'évier, sortir une bouteille d'un seau rempli d'épluchures de pommes de terre, il boit, se rince la bouche, croque une pastille. Il semble aller bien. David a branché la minuterie pour les œufs, tout à coup, elle sonne. Paniqué, Martin se retourne – Sale gosse... Il n'apprendra donc jamais. Pendant tout le monologue de Martin, Georg s'affaire dans le garage avec sa moto, il accélère au point de faire trembler les murs.

Martin. Ça doit leur suffire... Sinon, ils peuvent aller se faire servir ailleurs. Autant les appeler. *Il tâte son ventre.* Quant à moi, je ne dois rien prendre, je le sens. Il n'y a pas à dire, le lait me donne mal à l'estomac – c'est comme une ventouse qui aspirerait quelque part par là. *Il tousse.* Et c'est pour ça que j'ai ces foutues irritations à la gorge... *Il rote, allume une cigarette. Regarde par la fenêtre.* Oui, oui... Quelle heure est-il ? Déjà midi... Il faut que je téléphone pour les alcools avant une heure. Il vaudrait mieux que je le fasse avant qu'ils ne descendent. *Il entre dans son bureau, compose le numéro. Attend.* Pourquoi ne répondent-ils pas ? Allô ? Oui bonjour, c'est l'hôtel. J'avais quelques petites commandes à passer !... Vous croyez que vous pourrez me la faire passer par le car de trois heures ?... Ah mais alors c'est parfait... Ah ça, pour une bonne nouvelle, c'est une bonne nouvelle... Exactement... alors je vous passe ma commande... attendez un peu, je l'ai notée ici quelque part. Où l'ai-je mise ?... Voilà ! Allô, bien, vous y êtes ? Alors voilà, 9 Aquavit – 5 Eau de vie 2 Chartreuses 3 Strega – c'est mon cadet qui aime ça. *Il écoute, il rit.* – un moment – où en étais-je – voilà, voilà. Donc, ensuite nous prendrons 6 Geissweiler et Fils... pour en avoir à la maison, et Fils... C'est bien cela – et Fils, c'est comme dans la chanson « et fils »... Oui. Du Whisky, j'en ai encore. Mais j'en prendrai tout de même 4 ou 5, disons 5 Black and White, ça part toujours... et de la bière aussi, bien entendu... 6 caisses de blonde et une caisse de Lager... Et puis, et puis, c'est tout, je crois... est-ce que je vous ai demandé de la liqueur de cacao ? Eh bien, je vous en demande... Combien ça nous fait ? – *Il attend.* Parfait, mettez tout ça sur mon compte... et n'oubliez pas le transport... Je vous remercie infiniment. *Il raccroche.* Magnifique. Je m'en suis bien sorti. *Il enfile sa veste, va se regarder dans la glace, se passe un peigne dans les cheveux, bombe le torse. Soupire. Et brosse des pellicules sur son épaule.* Je suis beaucoup trop conciliant – c'est ça mon problème. Je l'ai toujours été – beaucoup trop gentil. Maman disait toujours – Martin est si gentil qu'il mangerait des rats si on le lui demandait. *S'adressant au miroir.* J'aurais pu faire des tas de choses. Seulement voilà, c'est arrivé, ça nous est tombé dessus comme l'éclair dans un ciel d'azur, ils sont venus le chercher et ils l'ont collé en prison... et pour moi, fini les études... il n'y avait plus qu'à se mettre au boulot. Et c'est là, été 1924, que j'ai commencé comme groom à l'hôtel Kramer à Malmö parce qu'il fallait bien que je fasse vivre Lars et Lena et Nils et Anna et Sven... *Il se mouche...* Ce doit être à ce moment-là que maman est tombée malade, troubles mentaux, la pauvre, non folle, folle à lier ! Mais d'une certaine façon, ce fut un soulagement... qu'il disparaisse... Quand il est revenu, un an plus tard, ce n'était plus le même vieillard horrible. Plus question alors de se mettre gentiment les fesses à l'air... Qu'est-ce que tu as dit ? Hé ho. Quand ils l'ont interné à l'asile, il était plutôt bien installé, je crois. Enfin je n'en sais rien, je n'y suis allé qu'à sa mort. C'était en hiver – l'hiver 41, j'ai eu trois jours de perme et j'y suis allé. *Un silence.* Léna pourrait très bien me prêter quatre mille couronnes, elle ne s'en apercevrait même pas... je crois que je vais l'appeler ce soir... en général, elle est plutôt compréhensive quand on a le couteau sous la gorge. *Il s'éloigne du miroir.* Elin, Georg ! Vous pouvez venir ! Le déjeuner est prêt ! *Silence. Il ouvre la radio. Le speaker rapporte les dernières nouvelles de Charyl Chessman, depuis New York. Martin referme la radio.* Hé ho !... Où êtes-vous ? Si vous voulez manger, il faut descendre ! *Il ne sert pas dans les assiettes, mais directement sur la table.* À table ! *Il siffle : « Combien le p'tit chien dans la vitrine ».* C'est toujours pareil... Je me décarcasse et quand elle arrivera ce sera tout froid... Eh bien, tant pis pour elle. Si seulement, elle voulait aller voir le docteur, pour qu'on n'ait plus à entendre cette sacrée toux. Peut-être un jour !... Vous ne voulez donc rien manger ! Eh bien, tant pis pour vous. Mais quel gâchis. *Il découvre ce qu'il a fait – il remet la nourriture dans la poêle, essuie la table et de nouveau arrange tout.* Maintenant, je ne les appelle plus. ELIN tu n'entends pas que je t'appeeeeeeelle ! Il faut que je téléphone à Gustave pour lui demander de stocker l'alcool dans l'entrepôt, il ne faut pas qu'il reste dehors sur la place. Comme ça je pourrai aller le chercher ce soir. Georg va sans doute continuer de bricoler sa moto et David n'aura probablement pas faim avant cette nuit. ELIN !

Georg entre venant de la cour.

MARTIN, *souriant.* Tiens, te voilà. Vous ne voulez rien manger aujourd'hui ?

Georg le regarde avec attention.

MARTIN. Je vous ai préparé à déjeuner. Vous n'entendez pas quand j'appelle. *Il se met à rincer les casseroles nerveusement. Il agite la poêle dans tous les sens sur le feu. Il ouvre la porte du bas pour le charbon.* J'en étais sûr... Tu ne pourrais pas descendre chercher un peu de charbon ? Hein ? Ah bon. Il faut que tu manges quelque chose avant d'aller en ville. Tu pourrais me répondre au moins... J'avais pensé que pour une fois, on aurait pu manger ensemble, rien que nous, toi, moi, Elin et David. Où est David ? *Avec énervement.* Encore au grenier ? *Un silence.* Alors, tu es en train de régler ta moto ? *Un silence.* Qu'est-ce qu'il y a ? Qu'est-ce que j'ai fait ? Tu ne te sens pas bien ? Tu n'as pas l'air d'aller. Va te laver les mains et viens manger. Tu n'as quand même pas des peines de cœur ? *Il s'assied et allume une cigarette.* Pourquoi n'invites-tu jamais ta petite amie à venir ici ? Il paraît que c'est une gentille fille... Vous avez l'intention de vous fiancer ? Si ça te fait plaisir, on pourrait fêter vos fiançailles ici, à la Pentecôte...

saumon, pommes de terre à l'aneth et puis ce petit vin blanc que tu aimes tant, du Liebfraumilch... Mon Dieu, quand on a pas de tête faut avoir des jambes... Maman l'a bien rencontrée... tu ne comprends pas qu'à moi aussi, ça me ferait plaisir ? À moins que tu aies honte de moi ? *Un silence.* Il n'y a aucune raison. Ça ne sert à rien. *Silence.* Ah non, mais là il faudrait vraiment qu'ils viennent. *Un silence.* Eh bien, Georg... Assieds-toi... Je voudrais te parler de maman. Tu n'as peut-être pas remarqué comme sa santé a décliné cette année... Elle a tellement maigri qu'elle ne mange plus rien... je voudrais te demander... tu ne pourrais pas lui dire un mot au sujet de cette affreuse toux ?... Tu voudrais bien l'emmener lundi à l'hôpital pour qu'on l'examine ?... Tu connais sa peur des médecins. Seulement, maintenant il faut qu'on s'y mette tous pour qu'elle se décide à en voir un... Elle passe ses nuits à tousser, il y a des fois où je me dis qu'elle va éclater. Il faut qu'à nous deux, toi et moi, on fasse preuve d'énergie... Elle dit qu'elle souffre d'une élongation. *Il fait une démonstration avec son épaule gauche qu'il soulève comme une aile.* Mais moi, je n'en crois pas un mot... *Silence.* Qu'est-ce qu'il y a ? Pourquoi restes-tu là à me fixer ? *Il s'essuie la bouche.* J'ai des asticots dans la bouche ou quoi ? Qu'est-ce que tu as ? *Silence.* Eh bien laisse tomber. Donc tu ne veux rien manger ? Je suis beaucoup trop gentil, c'est ça mon problème. Je ne suis qu'une merde. Et alors ? Eh bien, va-t'en ! *Silence.* Qu'est-ce que tu regardes ? Va-t'en si tu ne peux pas te conduire comme un homme. *Ils se regardent dans les yeux.* Maintenant, j'exige que tu... dises quelque chose. Dis quelque chose ! Alors, sors d'ici ! Bon, laisse tomber – reste, reste autant que tu voudras.

ELIN *entre.* Mais c'est une vraie chambre à gaz, ici. Tu me voulais quelque chose ?

MARTIN. Je ne voulais rien.

ELIN. Il m'a semblé que tu m'avais appelée.

David descend l'escalier quatre à quatre.

MARTIN. Un beau jour, il se cassera le cou. Ça, c'est sûr.

DAVID. C'est quelle heure ? C'est quelle heure ? C'est quelle heure ?

MARTIN. Allons, allons, jeune homme – du calme. La pendule est toujours au mur.

DAVID *ouvre la radio. Musique.* Merde, c'est trop tard. Il est tard sur la terre. Est-ce que quelqu'un a écouté les nouvelles ? Où en est Chessman ?

MARTIN. Attends, ne ferme pas. Écoute plutôt. C'est Jussi qui chante « Ma patrie sacrée » *Il continue à chanter seul, un moment.*

DAVID. Qu'est-ce qu'ils ont dit de Chessman ?

MARTIN *augmente le volume du son.* C'est bath, non ? *Il accompagne la mélodie en chantant.*

ELIN *ferme la fenêtre.* Pas si fort.

DAVID. Où en est Chessman ?

MARTIN. Ils l'ont pendu.

DAVID. C'est pas vrai – d'abord, il ne sera pas pendu, ils le tueront avec du gaz de cyanure. Ils le conduiront dans une pièce peinte en vert où ils l'attacheront sur une chaise en acier et puis ils s'en iront et ils verrouilleront la porte. Et ensuite, ils laisseront tomber quelques boulettes de cyanure dans une coupe et quand les boulettes se casseront, elles dégageront un gaz mortel. Alors lui, il restera là et il essaiera de respirer et il se passera encore un quart d'heure avant qu'il ne meure... On n'a pas le droit de tuer des gens de cette façon... Même s'il est coupable et coupable, il ne l'est pas, il l'a prouvé... Tu n'as qu'à lire son livre « À travers le purgatoire » et tu verras... Le sténographe du procès était presque aveugle...

GEORG. Tu ne pourrais pas la fermer, ta gueule. T'en baves.

MARTIN. Thuneman, ils auraient bien pu l'exécuter, mais lui, il a fini dans un asile de première classe – et c'est pour des gens comme ça qu'on paie des impôts, pour qu'ils restent là, à se prélasser. *Aspire sa salive à travers les dents.*

GEORG. S'il ne se corrige pas lui aussi, c'est là qu'il finira, au milieu des pervers.

DAVID *à Martin.* Que c'est vulgaire. Tu te sens vraiment obligé de faire ce bruit ?

MARTIN. Oui, c'est nécessaire.

DAVID. Alors, ils n'ont rien dit de Chessman ?

MARTIN. Quand est-ce que j'aurais le temps d'écouter la radio ?

DAVID. Je n'ai pas faim.

ELIN. Il faut que tu manges, tu es en pleine croissance.

DAVID. Je voudrais une tasse de café. Si vous m'autorisez.

MARTIN. Bien sûr, qu'on t'autorise. Qu'est-ce que tu veux dire exactement ?

DAVID. Merci infiniment.

MARTIN. Et toi Elin, tu ne veux pas manger un peu ?... Tu as encore mal ?

Elin essaie de prendre quelque chose sur l'étagère.

MARTIN. Attrape ça pour maman. Tu tricotes trop.

ELIN. Non, c'est cette élongation.

MARTIN. Je ne comprends pas, mes garçons, que vous ne puissiez pas donner un coup de main à maman pour les draps ? Vous voulez qu'elle reste là, dans la cave, à les repasser toute seule ?

DAVID. Mais puisqu'on a une machine à calandrer.

MARTIN. Ne sois pas stupide. Tu sais bien qu'il faut

que quelqu'un tende les draps pendant que maman fait marcher la machine.

ELIN. Je n'ai pas l'intention de repasser.

MARTIN. Lundi tu iras chez le docteur.

ELIN. Il ne reçoit que le jeudi.

MARTIN. Ce n'est pas la question, tu iras en ville, tu as toussé et tu t'es plainte tout ce printemps. Maintenant je veux que tu ailles chez un médecin pour savoir ce que tu as. C'est incroyable, quand même !

ELIN. Ce n'est rien. Je me suis simplement étiré un muscle.

MARTIN. Ne fais pas l'enfant, Elin. Lundi, Georg t'emmènera en ville et ensuite, tu iras mieux. Une élongation, ça ne peut pas durer des mois. Et dans ce cas, d'où vient la toux ? Allez, asseyez-vous qu'on puisse manger.

ELIN. Pourquoi as-tu préparé tout ça ?

MARTIN. Mêle-toi de ce qui te regarde. Maintenant c'est servi, mangez ! *Il allume une cigarette.*

ELIN. Moi, je ne prendrai qu'une tasse de café.

MARTIN. Je l'aurais parié. C'est bien la peine de se mettre en quatre.

DAVID *met la radio. Georg la ferme.* Alors, je ne peux même pas écouter la radio – maman – le dernier jour où je suis avec vous.

MARTIN. Qu'est-ce que tu racontes ? Le dernier jour avec nous ? Où veux-tu donc aller ?

DAVID. Je ne peux pas écouter la radio. Maman.

ELIN. Tu crois que c'est vraiment indispensable ?

MARTIN. Non, restons un peu dans le silence et le calme. C'est si rare qu'on ait la chance de manger ensemble, sans le personnel sur le dos. *Il siffle « À Honolulu on s'habille comme un zoulou ».* Il te va bien ce pull. Et Georg qui ne dit rien, qui reste là à se taire, tu bricoles ta moto, Georg ? Tu veux la vendre ? Tu pourrais en tirer pas mal, tu sais, soigneux comme tu l'es. Un peu de bacon, Elin ?

ELIN. Rien que de le voir, j'en ai la nausée. C'est comme si les aliments grimpaient d'eux-mêmes jusqu'à ma bouche. Tu es vraiment obligé de fumer à table ?

MARTIN. Non, non, pardon. Je peux l'éteindre. *Un temps.* Alors, ça fait quel effet d'avoir seize ans ?

DAVID. Hein ?... Je ne sais pas.

ELIN. Ne te balance pas comme ça sur ta chaise.

MARTIN. L'été de mes seize ans, je suis parti en mer, sur le navire-école « Le faucon » – On est allé à Kiel, à Rotterdam et –

DAVID. Ce devait être génial.

MARTIN. Ah non, pas du tout. C'était horrible ! J'ai cru mourir plusieurs fois... Sur un voilier, il faut tout faire soi-même. Il ne suffit pas de décrocher le téléphone et d'appeler un docteur ou les pompiers... Non, si on veut une casquette avec une ancre, il faut se débrouiller tout seul pour tout. T'aurais dû voir ça. Toi, tu n'aurais pas tenu plus d'une heure ; ils auraient été obligés de te jeter par-dessus bord, mon petit gars. Il y a un type, il est tombé du mât et il s'est brisé les reins et moi, j'ai eu tellement peur plusieurs fois en montant que j'ai failli faire dans mon pantalon – mais fallait toujours que ça aille, on n'avait qu'à vomir dans sa casquette – Tiens, voilà le soleil. – Mais pourquoi, il reste planté là à me regarder sans arrêt ?

ELIN. Qui ?

MARTIN. Georg. Tu ne le vois pas ? Il reste planté là à me reluquer sans arrêt comme si j'avais la gale... Tu ne peux pas lui dire de me laisser tranquille – Elin.

ELIN. Qu'est-ce qu'il y a, Georg ?

Martin siffle « Tu m'as donné ta bouche mais pas ton cœur. »

ELIN. Georg ?

MARTIN. Ça a été comme ça toute la journée – il en avait d'abord après David et maintenant, c'est mon tour. *Pause.* Bon, puisque vous ne voulez rien, autant tout débarrasser... *Il se met à desservir. Ils le regardent fixement. Il fait alors preuve de maladresse, pose les assiettes trop rudement, se trompe, devient nerveux. Pour finir, il pose par erreur ses lunettes sur le plateau et heurte une chaise lorsqu'il veut l'emporter. Il se rassied siffle « Combien le p'tit chien dans la vitrine ? » Les regarde. Soudain furieux, il se lève et va vers Georg qui est resté appuyé à l'évier.* Sors d'ici, va-t'en dans le garage ! Ça suffit comme ça !

GEORG. Tu as raison.

MARTIN. Parfaitement. Maintenant, tu sors d'ici ! C'est compris ?

Georg pose sa main sur le visage de Martin et le repousse ainsi, à reculons, jusqu'au mur opposé où il le force à s'asseoir par terre. Il l'empêche de se relever en lui tenant la tête.

MARTIN *lève un regard humilié, désespéré.* Qu'est-ce que tu oses faire ?... Quel espèce de démon es-tu ?

GEORG. Tu sais ce que je suis – tu sais qui je suis !

MARTIN. Non, je ne le sais pas, je ne sais pas qui tu es...

GEORG. N'est-ce pas, maman ?

MARTIN. Lâche-moi ! Elin comment peux-tu le laisser me traiter ainsi ? – Tu oses porter la main sur ton père !

ELIN. Tu as recommencé ?

MARTIN. Recommencé quoi ? Qu'est-ce que tu veux dire ? Laisse-moi me relever.

GEORG. Tu as recommencé à picoler.

MARTIN. Non, je n'ai pas recommencé ! Je n'ai pas bu une goutte depuis des mois ! Je ne bois que du lait. Je n'ai même pas pris une bière ! Laisse-moi me relever, nom de Dieu, ou je ne sais pas ce que je vais faire.

ELIN, *avec calme.* Ça se voit.

MARTIN *crie.* Qu'est-ce qui se voit ?

ELIN. Tout.

MARTIN. Je suis fatigué, je suis à bout, ça fait plusieurs nuits que je ne dors pas... tu comprends ça ?

ELIN. Ça se voit, Martin, tu ne peux rien cacher.

MARTIN. Je n'ai pas bu, je vous assure ! Dis-lui de me lâcher.

GEORG *le maintient plus fort et lui serre la tête.* Tu vas rester là.

MARTIN. Aïe... aïe... aïe... Tu es fou ! Aïe... Vous le regretterez... Vous pouvez en être sûrs.

GEORG. Mais cette fois pas question de remettre ça. Cette fois, tu ne boiras pas tout l'argent.

MARTIN. L'argent, c'est mon argent. D'ailleurs, il n'y en a plus. Regarde-moi, Elin, regarde-moi. Je t'ai fait une promesse, c'est sacré et tu le sais, Elin...

ELIN *va vers lui, elle le hume, comme une bête. Martin hume de son côté.* Je ne comprends pas comment tu oses.

MARTIN, *des sanglots dans la voix.* Je peux me relever ?

DAVID. Lâche-le. Maintenant, laisse-le aller.

ELIN. Tu ne supportes pas l'alcool.

MARTIN. Je supporte l'alcool aussi bien que n'importe qui... Seulement, ce qu'il y a, c'est qu'on ne me permet pas de boire comme n'importe qui. Si je pouvais prendre un verre comme n'importe qui, quand je trouve que je le mérite, tout irait bien.

ELIN. Quand tu bois, tu n'as pas plus de résistance qu'un mégot dans une pissotière.

MARTIN. Qu'est-ce que c'est que ces façons de parler !

GEORG. Tu n'es pas un homme. *Il le tire par les cheveux.*

ELIN. Georg, ça suffit.

GEORG. Je veux les clefs.

MARTIN. Quelles clefs, bon Dieu de merde ?

GEORG. Ne fais pas l'innocent – les clefs de la cave.

MARTIN. Les clefs de la cave – et pour en faire quoi ?

GEORG. Tu me les donnes ou tu veux que je les prenne de force ?

MARTIN. Jamais de la vie, bordel de merde ! Qu'est-ce que tu veux en faire ?... C'est ma cave, non... Aïe ! Aïe ! *Hurle.* Aïe, ça fait mal ! Aïe. *Il se met à pleurer.*

ELIN *va fermer la fenêtre.* La terre entière n'est pas obligée d'entendre ce qui se passe chez nous.

GEORG, *le frappant.* Je ne comprends pas comment tu arrives encore à nous balancer tes mensonges à la figure. *Il le secoue.* Tu pues l'alcool ! Déjà quand j'étais petit, tu faisais pareil, jamais on n'a pu ramener quelqu'un à la maison, jamais on n'a pu aller nulle part ou faire quoi que ce soit sans que tu te mettes sur le toit – pour chaque putain de fête, chaque putain de Noël, à la Saint-Jean, à Pâques... pour chaque putain d'occasion tu te remettais à boire et tu foutais tout en l'air – mais maintenant, c'est fini, tu comprends ! Maintenant, tu dégages !

ELIN. Ne sois pas si violent, Georg. Martin, je crois que tu ferais mieux de me donner les clefs et de monter te coucher.

MARTIN. Non, je te dis, non. Ce sont mes clefs !

ELIN. Maintenant tu me donnes les clefs. Tu veux qu'on aille chez le docteur ?

MARTIN. Est-ce que je suis malade ?

ELIN. Oui.

MARTIN. Non, je te dis, jamais de la vie ! Je ne lui

donnerai pas mes clefs, il n'a qu'à me tuer… Oui, vas-y, frappe si tu oses. Et j'irai te dénoncer à la police. Chaque coup, chaque marque que tu me fais, tu la paieras cher, tu peux me croire ! Aïe !

GEORG. Prends-les, maman.

ELIN. Où sont-elles ?

MARTIN. Laissez mes clefs tranquilles, vous entendez ce que je dis ! VOUS ENTENDEZ CE QUE JE VOUS DIS !

GEORG. TU VAS ARRÊTER DE GUEULER ! Va ouvrir cette fenêtre que tout le monde entende comment se comporte le patron de l'hôtel, quand il est chez lui.

ELIN. Je ne comprends pas comment tu oses…

GEORG. Laisse tomber, maman… Donne-moi les clefs.

MARTIN. Ne me touche pas. Ne me touche pas.

GEORG. Toi, ne reste pas là, viens me donner un coup de main.

DAVID. Qu'est-ce que tu veux que je fasse ?

GEORG. Tiens-lui les jambes pendant que maman lui prendra les clefs.

DAVID. Non, je n'en ai pas envie, qu'il boive et qu'il crève.

MARTIN. Toi, monte dans ta chambre.

DAVID. Pourquoi ne divorcez-vous pas ?

GEORG. Oublie ça ! Viens m'aider.

DAVID. Qu'est-ce qu'il faut que je fasse ?

GEORG. Viens ici et tiens-le, pendant que maman lui prend les clefs, tu crois que tu vas y arriver ?

DAVID. Mais oui.

GEORG. Regarde-le.

DAVID. Donne-lui les clefs, papa.

ELIN. Donne-moi les clefs, Martin.

DAVID. Donne-lui les clefs après tu pourras partir.

MARTIN. Non, j'ai dit non. Jamais de la vie.

GEORG. Viens donc m'aider, remuez-vous un peu, bon Dieu !

DAVID. Tu ne pourrais pas le tenir tout seul pendant que maman prend les clefs ?

GEORG. Pour qu'il lui donne un coup de pied ? C'est ça ! Ne reste pas là, à te rouler les pouces !

David saute à terre et s'avance, il ne sait pas quoi faire.

GEORG. Tiens-lui les jambes ! Assieds-toi dessus !

DAVID. Maintenant, donne-lui les clefs, qu'on en finisse. Tu n'as pas la moindre chance.

MARTIN. Ne me touche pas. Ne me touche pas. Ne me touche pas. Je ne veux pas que tu suives le même chemin que ton frère.

GEORG. Qu'est-ce que tu as dit ? Tu peux crier, va ! Maman, prends les clefs.

ELIN. Arrête donc, Martin... Je ne supporte plus...

MARTIN, *vraiment désespéré.* Si tu crois que moi, je supporte ! À qui la faute ! À toi ! Tout ça, c'est de ta faute ! C'est à cause de toi qu'ils se permettent de faire ce qu'ils veulent de moi.

ELIN. Oh, mon Dieu...

MARTIN. Mon Dieu ?... C'est toi qui dis ça ?... Je te tue, si tu me touches. *Il crie.* NE ME TOUCHEZ PAS ! NE ME TOUCHEZ PAS ! Mon Dieu, mais qu'est-ce qui se passe ? Aïe ! Aïe ! Aïe !

Ils lui prennent les clefs. Georg, Elin et David exécutent une danse, tout en chantant « No, no they can't take that away from me », Georg et David virevoltent avec élégance et se lancent Elin.

GEORG. J'ai les clefs, j'ai les clefs, j'ai les clefs ! Toi reste tranquille, espèce de gros tas de merde ! Maman, voilà les clefs. Lâche-le, laisse-le par terre... *Toujours couché par terre, Martin agrippe la robe d'Elin et la déchire. Georg lui donne des coups de pied. Martin hurle.*

ELIN. Non, Georg ! Attention – tu peux lui faire mal.

MARTIN. Je saigne ! Je saigne !

GEORG. Relève-toi, je te dis.

Il semble à David qu'il est lui-même, allongé par terre, comme Robert Ryan dans « knockout » et qu'il regarde Georg qui vient de l'abattre et qui attend qu'il se relève. Georg, en culottes de soie, ses lourdes mains dans des gants de boxe, tourne le dos au public. David lève les yeux vers le visage de Georg. Cordes d'un coin de ring. Georg se retourne, il a une violente érection.

ELIN. Donne-moi les clefs, Georg.

GEORG. Il vaut mieux que ce soit moi qui les garde, maman.

ELIN. Relève-toi, Martin, sinon tu auras du sang plein la bouche.

MARTIN *s'essuie la bouche.* Où est-ce que je vais aller... Où est-ce que je vais aller... Où est-ce que je vais aller... ?

GEORG. Monte te coucher.

MARTIN. Il n'y a donc personne qui puisse m'aider... Il n'y a personne qui puisse m'aider ? C'est affreux. Oh c'est affreux.

ELIN. Lève-toi.

MARTIN. Tu vas le regretter. Vous allez le regretter, tous les trois. C'est la dernière fois que vous me voyez.

ELIN. Moi, je crois que tu devrais monter te coucher et te calmer.

GEORG. Moi, je crois que tu devrais crever.

DAVID. Moi, je crois que tu devrais redevenir gentil comme avant. *Il se met à pleurer.*

ELIN. David... *Un silence.* Tu vois... *Un silence.* Tu vois maintenant ?

MARTIN. Je n'ai rien fait.

ELIN. Tu as ruiné sa vie.

GEORG. Ha. Ha.

ELIN. Tu as tout ruiné. Ma vie et celle des gosses. *Silence.* Qu'est-ce qu'il y a, David ?

DAVID. Rien... Laissez-moi tranquille.

ELIN. Ne pleure pas.

DAVID. Non – je ne pleure pas.

MARTIN *regarde toujours Elin avec haine.* Je te remercie, Elin, pour ta cruauté... Regarde ce que tu lui as fait ! Regarde-le !

DAVID. Il n'y a donc personne qui puisse m'aider, personne qui puisse m'aider.

MARTIN. Quelle mère !

DAVID. Qu'est-ce que j'ai fait ? Qu'est-ce que j'ai fait ?

MARTIN. Quelle mère !

GEORG. Il va piquer une crise d'hystérie –

ELIN. C'est de la faute de ton ivrognerie.

MARTIN. À d'autres ! Tu ne te prives pas quand tu as l'occasion. Dès qu'Erik et Marianne sont là vous passez la moitié de vos nuits à descendre du whisky pendant que moi, je galope pour vous servir. Ne sois pas triste, David. Bientôt, tu ne me verras plus. Et alors, tu seras content, n'est-ce pas ?

ELIN. Oui, ce serait aussi bien si tu retournais à l'hôpital.

MARTIN. Essaie seulement pour voir ! Je te le dis tout net : moi vivant, plus jamais, plus jamais tu ne m'y renverras ! Tu m'entends, espèce de chatte en béton, c'est moi qui te le dis !

GEORG. Ne parle pas comme ça à maman.

MARTIN. Je parle comme je veux à ma femme et je me passe de ta permission ! Il y a vingt-cinq ans que je suis marié avec elle, alors... alors, c'est pas toi qui vas... c'est pas toi qui vas...

ELIN. Mouche-toi.

DAVID. Je me rappelle la dernière fois... quand il a piqué un délire.

MARTIN. Qu'est-ce que c'est que ces inventions ? Un délire ! Est-ce que j'ai jamais déliré, moi ? Il va falloir que tu choisisses un peu mieux tes mots !

DAVID. L'été dernier, quand maman était à Stockholm et que Georg faisait son service et que je suis resté seul avec toi... Eh bien, tu as eu une crise de delirium tremens.

MARTIN. Qu'est-ce que c'est que ça ? Tu sais ce que c'est ? Delirium tremens ? J'aurais eu, moi, une crise de delirium tremens ? Mais si c'était vrai, je ne serais pas ici.

DAVID. Tu étais exactement comme dans le film – « Le testament du Docteur Mabuse », tu étais assis là, dans ta cage vitrée et c'était la nuit, tu étais avec tes bons, tes quittances, tes factures et tu comptais, tu comptais et tu déchirais et tu jetais tout, tout autour de toi, tu arrachais tout, suant le gras, avec un regard fixe, c'était horrible –

MARTIN *le regarde, les yeux écarquillés.* Tu te rends compte de ce que tu dis ?

DAVID. Oh oui, je sais et le matin, tu m'as réveillé, tu parlais d'une drôle de façon – tu n'entendais pas ce que je te disais – tu es venu dans ma chambre pour me réveiller et je t'ai aidé à faire la chasse à de grosses araignées qui grimpaient sur les murs, se cachaient derrière les rideaux, derrière la glace et moi je les tuais, je leur jetais des livres dessus et après je les faisais disparaître dans les toilettes, mais tu me criais qu'elles n'étaient pas tout à fait mortes et qu'elles remontaient – ah, on s'est amusé, pour ça, on s'est vraiment amusé... Mais oui, tu t'amusais, chaque fois que j'en tuais une, tu pouffais de rire... Après, on les a mises en tas sur le plancher et tu les as comptées, et tu as vérifié qu'elles étaient bien mortes et t'as voulu y mettre le feu, mais je t'ai dit que leur fumée était toxique, tu as été d'accord, alors on les a enterrées dans le salon... Tu ne te rappelles pas qu'elles se glissaient sous ton pyjama et que tu disais qu'elles venaient de là-dedans, d'un petit trou que tu avais à la hanche. On a continué à déplacer les tables et les canapés pendant des heures, jusqu'à ce que Mona arrive et qu'elle appelle une ambulance...

MARTIN. Tu mens – tout ce que tu dis, c'est des mensonges – tu inventes, tu as déjà été renvoyé de l'école parce que tu mentais... Quand est-ce que cela se serait passé ?

DAVID. Dis, maman ? Ce n'est pas vrai ? Ce n'est pas vrai ?

ELIN. Si, peut-être.

MARTIN. Toi, tu es toujours d'accord sur tout.

DAVID. Ensuite, ils ont dû t'emmener dans le service des agités.

MARTIN. J'ai eu un arrêt maladie, oui ! Parce que j'étais surmené et que j'avais besoin de repos !

DAVID. Pourquoi ne peux-tu pas accepter la vérité.

ELIN. Les alcooliques ne peuvent pas.

MARTIN. Et tu voudrais que moi – moi qui suis ton mari – je me retrouve debout au milieu de ces épaves pour leur dire que je suis un alcoolique. Merde, alors ! *Il se lève.* Je vous dis, merde !

DAVID. Tu ne te souviens pas que maman et moi on est venu te voir toutes les semaines à l'hôpital psychiatrique ?

MARTIN. Oui, et puis après ? C'était bien la moindre des choses ! Et d'ailleurs qu'est-ce que tu venais faire là ?

DAVID. Tu étais gentil comme tout, tu avais si peur... Tu nous attendais là-haut. Je ne te reconnaissais plus... ce fou hurlant qui se traînait comme... comme un fantôme... qui tremblait au point que je croyais que tu allais te briser en morceaux... avec des yeux qui coulaient comme des yeux de biche crevés... tu puais... je ne sais pas quoi – quelque chose de fermenté, la diarrhée, les cigarettes... Et après, quand on partait, tu restais en haut de l'escalier, tu nous faisais au revoir avec la main, comme un petit enfant... tu t'en souviens ? « Emmenez-moi, emmenez-moi, ne me quittez pas, ne me laissez pas ici, je suis tellement seul. » Maman racontait que le docteur avait dit que ça avait tenu à un fil... que tu avais failli mourir, qu'ils avaient été obligés de te mettre sous une tente à oxygène pour te sauver... et que de toute façon, tu mourrais si tu continuais à boire – et maintenant, tu recommences.

MARTIN. Je ne recommence pas... Pourquoi ne me croyez-vous pas ? Aïe, il m'a brisé la mâchoire. *Il s'assied péniblement, tout en geignant.* Où est mon briquet ?

ELIN. Sous la table. *Elle se met à quatre pattes pour le chercher.*

David regarde intensément son corps, très intéressé par les fesses et les cuisses sous le jupon noir transparent.

Martin donne un coup de pied au briquet.

ELIN, *tout en continuant à le chercher à quatre pattes.* Dire que tu as encore la force de faire ça.

MARTIN. Rampe donc.

Georg remarque le regard intéressé de David.

MARTIN. Rampe, je te dis.

GEORG. Qu'est-ce que tu fabriques, toi ?

DAVID. Moi ?

GEORG. Arrête ça !

DAVID. De quoi tu parles ?

GEORG. Sale cochon pervers. Ça te convient parfaitement, à toi, qu'il se remette à boire, comme ça tu peux courir partout et faire tout ce qui te plaît... Je te parie un million que vous finirez au même endroit, tous les deux.

DAVID. Ah oui, et où donc ?

GEORG. Au service des agités. Votre place est là. Relève-toi maman.

ELIN *tend le briquet à Martin.* Je te l'ai offert pour nos noces d'argent.

GEORG. Vous n'imaginez tout de même pas qu'il n'a rien caché ?

MARTIN. Quand aurais-je pu cacher quelque chose ? Vous êtes toujours là, comme des mouches qui me collent au visage du matin au soir.

ELIN. Il n'est pas allé à la cave et il n'est pas allé là-haut, non plus.

GEORG. Il a tout ici-même.

MARTIN *rit.* Ha ha, et bien, cherchez... mais cherchez donc, si vous n'avez rien d'autre à faire.

GEORG. Toi, tu restes là et tu ne bouges pas. *Il commence à chercher, il ouvre des armoires, des tiroirs, le four, etc.*

MARTIN. Quels enfantillages ! C'est incroyable ! Voir un garçon de cet âge faire des choses pareilles. Et toi aussi. C'est incompréhensible.

Elin cherche également. Comme David qui examine le lustre de cristal.

MARTIN. Je n'en crois pas mes yeux... C'est indescriptible. Je n'arrive pas à croire que c'est vrai. Mais qu'est-ce que vous cherchez ? Il vous manque un boulon ?

GEORG *fouille le placard de la cuisine, en sort un carton de lait, l'agite, le goûte, va jusqu'à Martin et le lui met sous le nez.* Et ça, qu'est-ce que c'est ?

MARTIN. Comment veux-tu que je le sache ?

GEORG. De l'aquavit –

MARTIN. Dans un carton de lait ?

Elin le renifle.

DAVID. Malgré tout, je n'aurais jamais cru ça...

GEORG. Celui-là, quand il aura fini de mentir, c'est qu'il sera mort.

MARTIN. Je ne mens pas ! J'ai juré sur tout ce qui est sacré de ne plus me remettre à boire – puisque je sais... je sais... vous, je m'en fous ! – Mais je l'ai juré devant Dieu... Vous m'entendez ! Devant Dieu, je l'ai juré.

ELIN. Oui c'est bien, il te croira sûrement.

GEORG *verse l'alcool dans l'évier et s'adressant à David.* Tu as regardé derrière la glace ?

DAVID *découvre une bouteille dans le seau à ordures, il évite Georg.* Tiens, en voilà une autre, qu'est-ce que c'est ça ?

MARTIN. MAIS BORDEL DE MERDE, COMMENT VEUX-TU QUE JE LE SACHE ?

GEORG. Maman, monte te mettre une jupe.

MARTIN. Non, laisse-la se balader comme ça.

ELIN. Et depuis quand es-tu croyant ?

MARTIN. Maintenant !

GEORG. Voilà, j'ai cherché partout.

MARTIN. Vous n'allez pas m'inspecter le trou de balle ?

GEORG. Non merci, on ne recherche pas la médaille du courage.

ELIN. Tu persistes à nier que tu as recommencé à boire ?

MARTIN. Je nie tout. Vous n'avez aucune preuve. Je ne vous adresse plus la parole.

DAVID. Vous n'allez pas jeter un coup d'œil, là-haut, dans l'appartement ?

MARTIN. Je vous en prie. *Un silence.* Mais je vous interdis de toucher à mes affaires.

DAVID. Ne vaudrait-il pas mieux qu'on lui donne quelques billets et qu'on le mette dans le car pour qu'il aille en ville et qu'il reste là, à boire, jusqu'à ce qu'on le ramasse comme une éponge, ça nous éviterait de continuer à mener une vie pareille.

ELIN. Je monte me mettre une jupe.

MARTIN, *ricanant.* Pourquoi ? Tu n'as rien à cacher, que je sache ? Tout ce que j'ai eu droit de ta chatte, c'est du sang.

ELIN. Toi, David, tu restes ici et tu surveilles ce qu'il fait.

MARTIN. C'est ça, sers-toi des gosses pour en faire des flics.

ELIN. J'abandonne.

MARTIN. C'est ça, abandonne.

ELIN. Je regrette de ne pas avoir abandonné depuis longtemps.

MARTIN. Qu'est-ce que tu veux dire ?

ELIN. Je n'en peux plus.

GEORG. Je t'aiderai, maman.

DAVID. Moi aussi.

ELIN. Maintenant, Martin, c'est fini. *Elle sort.*

MARTIN *murmure avant qu'elle ne soit sortie.* Elin... Elin... non... non... Elin tu ne peux pas.

Georg et Elin sont sortis. Martin et David restent seuls.

MARTIN *se cache le visage dans les mains.* Qu'avez-vous fait ?... Qu'avez-vous fait ? *Il sanglote.* Vous avez ruiné ma vie. *Il pleure éperdument.* Elin – ce n'est pas vrai ! Tu n'as pas le droit de parler ainsi... Je n'ai pas recommencé à boire... pas une goutte... Pourquoi est-ce que tu ne peux pas me croire ? Tu ne veux pas me croire... J'ai beau faire, c'est toujours la même chose... Alors, autant mourir maintenant.

DAVID. Oui vas-y, meurs.

MARTIN. Ça fait si mal, si mal, si mal.

DAVID. Oui.

MARTIN. Je ne sais pas où aller, je ne sais pas où aller, je ne sais pas où aller, je ne sais pas, je ne sais pas, je ne sais je ne sais pas.

DAVID. Non.

MARTIN. Aide-moi – aide-moi – aide-moi, David.

DAVID. Je sais.

MARTIN. Ça fait si mal, ça fait si mal, ça fait si mal.

DAVID. Oui.

MARTIN. Tout.

DAVID. Oui.

MARTIN. Oh mon Dieu, oh Seigneur... Si ça pouvait seulement finir bientôt... Si seulement ça pouvait – si seulement ça pouvait finir bientôt ! *Vite, pris de panique.* Elin, Elin Elin Elin Elin Elin Elin Elin – Aide-moi. Qu'est-ce qui se passe ?

DAVID. Allons...

MARTIN. Aide-moi. Je n'en peux plus. Je ne sais pas où aller.

DAVID. Allons... Je sais que ça fait un peu con de dire ça – mais essaie de te calmer.

MARTIN. Qu'est-ce que tu dis ?

DAVID. Essaie de te calmer.

Martin soupire.

DAVID. Monte te coucher. Je t'apporterai du café dans un petit moment.

MARTIN. Qu'est-ce que tu dis ?

DAVID. Tu veux un verre d'eau ?

MARTIN. Oui, merci, je veux bien.

DAVID. Et un bonbon pour la toux ?

MARTIN. Quoi ?

DAVID. Non, rien. *Il va chercher de l'eau.* Tu en fous partout, tu te sens mieux ?

MARTIN. Non, pas mieux du tout. *Au bout d'un moment.* Tu es quand même gentil.

DAVID. Ah oui ?

MARTIN. Oui, tu es gentil... Je me souviens si bien de quand tu étais petit... tu ne voulais jamais dormir... Il fallait que je tienne dans mes bras des nuits entières, à aller et venir, aller et venir... est-ce que tu t'en souviens ?

DAVID. Tu ne crois pas que tu devrais essayer de monter te reposer ? Monte, je t'assure. Dors une heure et après tu te sentiras mieux. Et après dors encore une heure.

MARTIN *allume une cigarette, pousse le paquet vers David.* Prends-en une.

DAVID. Merci. Après tu vas te coucher ?

MARTIN. Oui, oui... mais vous me radotez toujours les mêmes conneries. *Bruit de la foudre qui tombe net et quelques secondes plus tard bruit du tonnerre.* Mais à quoi bon ? *Silence.* Je me demande pourquoi tout ce que je touche tombe en cendres ? *Il regarde sa main.*

DAVID. Prends une pastille et va te coucher.

MARTIN. Mais je n'arriverai jamais à dormir.

DAVID. Monte et ne recommence pas à te disputer avec eux.

MARTIN. Je ne dirai pas un mot. D'ailleurs, il n'y a rien à dire. *Il se lève, tâte ses poches pour contrôler qu'il a bien tout avec lui. Pastilles, cigarettes, briquet, etc.*

DAVID. Dis, papa.

MARTIN. Oui, qu'est-ce que tu veux ?

DAVID. Tu me donnes la permission de regarder la télévision ce soir – c'est la finale des six jours au Vélodrome.

MARTIN. C'est quoi ?

DAVID. La retransmission ne commence qu'à dix heures dix et après, ils continuent jusqu'à la fin, c'est la finale... Je baisserai le son. Tu me donnes la permission ?

MARTIN. Moi, personnellement, ça ne me fait rien, ça dépend de ce que dira maman.

DAVID. Mais toi, qu'est-ce que tu dis ?

MARTIN. Eh bien, regarde... puisque tu ne vas pas te coucher.

DAVID. Vas-y, file maintenant.

Martin sort. Bruits de pas dans l'escalier, puis bruits de porte, au bout d'un moment, dispute, cris, vacarme. On les entend aller et venir au-dessus de la tête de David et puis, silence. David s'agite. Il chipe quelques cigarettes. Il se regarde dans la glace etc. Il branche ensuite le magnétophone et il écoute une bande en acier sur laquelle on reconnaît sa propre voix et celle de sa mère – il a cinq ou six ans – il chante etc... – jouent et parlent ensemble. C'est la voix de maman... elle n'est pas encore effacée. *Il écoute les voix – tristes, solitaires, heureuses, un autre espace, un autre temps.* Sa voix me transperce... ça fait mal... À refaire ! À refaire ! À refaire !

ELIN *descend dans la cuisine. Elle a mis une autre jupe, plissée.* Avec qui parlais-tu ?

DAVID. Il dort ?

ELIN. Il est allongé sur son lit et il regarde le plafond.

DAVID. Vous avez trouvé d'autres bouteilles ? *Silence.* Bon.

ELIN. Où vas-tu ?

DAVID. Pourquoi tu me demandes ça ?

ELIN. Tu ne vas tout de même pas sortir maintenant ?

DAVID. Si, j'avais pensé faire un petit tour de vélo.

ELIN. Il est de retour ? *Silence.*

DAVID. Ce n'est pas là que je vais. Tu veux quelque chose ? *Bruit du ruissellement de la pluie.*

ELIN. Il pleut. *La lumière diminue.*

DAVID. Tu n'as pas entendu tout à l'heure, la foudre qui est tombée ?

ELIN. Non. *Elle ferme la fenêtre.* Il est donc déjà si tard ?

DAVID. Pourquoi tu ne mets pas des somnifères dans son café ? Qu'est-ce qu'elles vont dire, tu crois, quand elles se rendront compte qu'il s'est remis à boire ?

ELIN. Qui ?

DAVID. Les serveuses.

ELIN. Je m'attends juste à ce qu'elles donnent leur congé.

DAVID. J'étais en train d'écouter cette bande magnétique... C'est toi et moi qui chantons ensemble... à moins que ce ne soit Georg et toi ? Enfin, il y a un enfant.

ELIN. Alors, ce doit être toi. *Silence.*

DAVID. Bon, merde, on va pas rester planté assis là !

ELIN. Attends, ne t'en va pas. Je voudrais te parler. Tu ne devrais pas jeter ton vélo comme ça au milieu de la cour... Tu ne pourrais pas descendre comme il faut et poser ton vélo correctement contre le mur. Un beau jour tu écraseras quelqu'un.

DAVID. Vous allez divorcer ?

ELIN. Divorcer ?

DAVID. Tu as pris ta décision ?

ELIN. Qu'est-ce que vous deviendriez alors ?

DAVID. Vous aviez l'air si bien... Il était gentil ces derniers mois.

Elin pousse un vagissement de douleur.

DAVID. Tu as mal, tu as mal ?

ELIN. Non, non – mais je ne peux plus soulever ce bras.

DAVID. Est-ce que je peux prendre un coca ? *Il va en prendre un.* Oui bon je vais monter dans ma chambre pour être un peu tranquille avant qu'il ne se réveille.

ELIN. C'est de toi que je voudrais parler. Assieds-toi un moment.

DAVID. Ah bon. Ah oui. – Qu'est-ce qu'il y a encore ? *Il va enlever la capsule de sa bouteille.* Je crois que je vais arrêter de collectionner les capsules, qu'est-ce que je peux bien en faire ? Il faut vraiment ? D'abord c'est lui qui veut absolument me parler. Après, c'est toi qui dois me parler. Mais moi, je n'ai pas le temps, tu sais. Alors parle, bon Dieu, parle ! *Il se tient le dos au mur, des pieds il s'appuie contre l'autre mur, il grimpe lentement jusqu'à ce que son corps soit suspendu entre les deux murs.* Regarde maman – regarde ! Tu ne vois pas ? Ça je n'arrive pas à le faire, je n'y arrive pas, je n'y arrive pas.

ELIN. Fais attention de ne pas te faire mal.

DAVID. Mais tu ne vois donc pas ! *Il vide la bouteille.* Regarde ! Je pourrais tourner complètement et redescendre sur les mains ! Tu sais qu'à l'école, c'était moi le plus rapide sur cent mètres, je les faisais en 10,9 secondes !

ELIN. Ah. Et c'est bien ça ?

DAVID *saute par terre.* C'est pas mal, maman. *Il court vers elle et boxe avec son ombre.*

Elin passe tout à coup ses doigts à travers les cheveux de David.

DAVID. Aïe, ça fait mal !

ELIN. Mal ? Ça ne fait quand même pas mal ?

DAVID. Mais si. Tu sais bien comme j'ai les cheveux sensibles... Tu te rappelles, le jour où j'ai changé de coiffure ? Après, je ne savais plus où aller... comment aller. Non tu ne te rappelles pas. Vous n'allez pas divorcer ? Vous allez le faire ? Réponds-moi tout de suite je veux le savoir.

ELIN. Je n'en sais rien. *Un silence.* Chaque chose en son temps.

DAVID. Si, fais-le. *Un silence.* Même si c'est cruel. Qui peut savoir si toi tu ne le sais pas ? Il était déjà comme ça avant ma naissance ?

ELIN. Il ne buvait pas comme ça.

DAVID. Pourtant je n'aime pas arracher les ailes des papillons, mais pas davantage être le papillon auquel on arrache les ailes. Dans cette phrase, le sujet a disparu.

ELIN. De quoi tu parles ?

DAVID. Oui, de quoi je parle ? De quoi je parle ?

ELIN. Pourquoi es-tu si bizarre ?

DAVID. Mais je ne suis pas bizarre. Je ne suis pas là. Je ne l'ai jamais été, je ne veux pas lui ressembler.

ELIN. Tu ressembles de plus en plus à ton père.

DAVID. Oui, c'est ça. C'est là que tu veux m'amener... Je pourrais tout aussi bien être Caryl Cheesman. Je suis là, je suis assis dans la cellule de la mort, numéro 2455, et j'attends qu'ils viennent me chercher pour me traîner dans la chambre à gaz et m'attacher... et toi, toi tu restes dehors, à regarder par le judas, pour voir les boules rouler dans la coupe où elles vont venir se casser et moi je suis là, j'essaye de respirer jusqu'au moment où il n'y a plus d'air véritable, rien que du chlore qui pénètre dans mes poumons et qui me donne envie de vomir et puis je m'affaisse dans le fauteuil et toi, tu entres, tu détaches les courroies une fois qu'ils auront chassé le gaz à grands coups de ventilateurs. Faut-il que tu sois bête !

ELIN. Oui, je le suis peut-être, puisque chaque fois qu'il m'a promis de s'arrêter, je l'ai cru.

DAVID. Moi aussi, je l'ai cru. Il n'y a donc rien qui puisse vous convaincre de vous séparer ?

ELIN. Tu voudrais qu'on se sépare ?

DAVID. Non, pourquoi je le voudrais ? On sait ce qu'on perd, on ne sait jamais ce qu'on trouve.

ELIN. Il en mourrait.

DAVID. Mais toi non ?

ELIN. C'est quand même ton père.

DAVID. Oui, c'est bien ce que je dis, il n'y a donc aucun rapport entre les affaires qui soudain tournent mal et le fait qu'il se torche ?

ELIN. C'est ce qu'il dit ?

DAVID. Non, il ne dit rien. Il dit qu'il ne boit pas.

ELIN. Tu sais comme il est gentil – il est merveilleux quand il ne boit pas.

DAVID. Merveilleux ?

ELIN. Il change du tout au tout. Je n'arrive pas à croire que ce soit le même homme.

DAVID. Mais est-ce le même homme ?

ELIN. C'est pour ça que je n'ai jamais jeté l'éponge. Sinon, je serais peut-être partie il y a longtemps... Nous avons essayé de rester unis, pour vous garder un foyer à toi et à Georg.

DAVID, *après un long silence.* Je vous en suis terriblement reconnaissant, maman. Au moins, on ne s'est jamais ennuyés ! Quand on rentrait de l'école, soit il était complètement pété et il essayait de sauter du toit, soit c'était toi qui étais allongée dans l'entrée avec les veines ouvertes.

ELIN. Je voulais lui faire peur. Je voulais qu'il éprouve ce que moi je ressentais.

DAVID. Eh bien, je crois que l'orage est passé et que je peux sortir.

ELIN. C'est pour cela qu'il vaut mieux pour toi que tu quittes ce milieu.

DAVID. Qu'est-ce que tu veux dire ? Qu'est-ce que tu manigances encore ? Alors quoi ?

ELIN. Mais tu as dit toi-même que...

DAVID. Rien à foutre de ce que j'ai dit – mais toi, qu'est-ce que tu dis ?

ELIN. Eh bien moi, je ne trouve pas qu'il soit bon pour toi de rester dans ce milieu.

DAVID. Bon – ça fait seize ans que ça dure, seulement aujourd'hui, tout à coup, ça n'est plus bon pour moi... Je ne te crois pas, ce n'est pas la peine d'essayer – il y a autre chose – c'est l'autre cochon à poils ras là-haut – c'est lui qui t'a demandé de m'expédier – c'est lui qui commande ici – et toi, tu as peur de lui.

ELIN. Je n'ai l'intention de t'expédier nulle part.

DAVID. Si, tu veux m'expédier ! Je le vois rien qu'à ta façon de me regarder !

ELIN. Non – demain, nous irons tous les deux en ville et nous irons à l'office maritime.

DAVID. Où ? On va où ?

ELIN. À l'office maritime, au bureau du recrutement. J'irai avec toi.

DAVID. Qu'est-ce que tu dis ? Qu'est-ce que tu dis que tu vas faire ?

ELIN. On va t'inscrire, t'obtenir un livret de marin, un passeport et te faire examiner.

DAVID. Par qui ?

ELIN. Par un médecin de la marine. Ce n'est rien.

DAVID. Non – non, putain tu vas rien faire du tout ! Je ne veux pas être un connard de marin, moi. Tu n'as qu'à te faire marin toi-même ! Tu entends ce que je dis ?

ELIN. Ne crie pas.

DAVID. Pourquoi ça ?

ELIN. Tu vas réveiller papa.

DAVID. Non mais c'est pas vrai, je le crois pas.

ELIN. Pour t'enlever à ces... je ne sais pas comment te dire. À la mauvaise influence de Werner et de ses camarades.

DAVID. Et c'est pour ça que tu veux m'expédier en

mer – sur un bateau, rien qu'avec des hommes... C'est complètement absurde ! Tu te rends compte de ce que tu dis ?

ELIN. C'est pour ton bien... J'essaie de faire ce qui est le mieux pour toi !

DAVID. Tu crois vraiment ce que tu dis ?

ELIN. Oui, je le crois.

DAVID. Eh bien, crois-le, sinon ce serait à gerber – je veux dire que toi, tu serais à gerber.

ELIN. Pour que tu apprennes à devenir un adulte... pour que tu apprennes à vivre avec d'autres adultes et que tu apprennes des choses qui pourront te servir plus tard.

DAVID. Non.

ELIN. Après, si ça ne te plaît pas, tu pourras faire autre chose. Mais je crois qu'un an en mer, ça te ferait du bien. Au lieu de rester là, à tourner en rond et à t'exciter... tu ne fais rien, tu ne veux pas faire d'études, tu ne veux rien faire à la maison et tu n'as pas de volonté.

DAVID. Mais toi tu en as. Chaque fois qu'il y a une fête, c'est moi qui fais la vaisselle toute la soirée. Je ne fais rien ? Ce qu'il y a, c'est que je ne veux rien faire quand c'est Georg qui me commande de le faire. Toi, tu t'occupes plus des serveuses que de moi... Tu te mets à genoux devant elles pour qu'elles ne te lâchent pas.

ELIN. Ce n'est pas de ta faute, si tu es comme tu es.

DAVID. Tu veux dire, comme papa ? Ainsi, tu veux m'expédier en mer sur un bateau, mais demain tu ne me feras pas monter dans le car, il faudra que tu appelles la police, parce que moi, moi, je n'irai pas, je n'irai pas avec toi !

ELIN. Que veux-tu que je fasse, alors ? J'ai peur de ce que tu peux inventer. C'est pour cela que ce soir, tu vas aller te coucher de bonne heure et essayer de dormir, parce que demain, nous prendrons le car de sept heures.

DAVID. Non, je n'irai pas me coucher, ce soir je regarde la finale des six jours à la télé... Je n'ai absolument pas l'intention d'aller me coucher. D'ailleurs, papa m'a donné la permission. Je la lui ai demandée.

ELIN. Il faut qu'on y soit à huit heures, quand ça ouvre, tu mettras une chemise propre.

DAVID. Je te hais. *Un silence.* Je te hais, Mon Dieu, c'est vrai.

ELIN. Essaie de te calmer.

DAVID. Je te hais. Plus je me calme et plus je te hais.

ELIN. Bon, bon.

DAVID. Pourquoi ne me réponds-tu pas ?

ELIN. Je sais.

DAVID. Pourquoi tu restes là les yeux écarquillés ? Tu ne me crois pas ? Putain de merde, je ne supporte plus de te voir.

ELIN. Non, non. Je n'y peux rien.

DAVID. Non, justement, tu n'y peux rien... Tu ne sais pas ce que je vais faire. Tu comprends ?

ELIN. Non – qu'est-ce que je devrais comprendre ?

DAVID. Ferme ta gueule ! Tu ne m'auras pas. Vous ne m'attraperez jamais ! Maintenant, moi, je sais ce que je vais faire... Fais bien gaffe, espèce de vieille salope... Si tu me touches, je pète tout. Parce que tu n'as jamais voulu de moi. Et moi de toi. Et je ne veux plus de toi. Je ne veux plus te voir. Tu me dégoûtes. J'espère que tu vas bientôt crever pour que je n'aie plus à te voir. Saloperie de chienne en chaleur, c'est pas une chatte que tu as c'est un volcan en éruption tellement ça pue, avec ton sale con de truie. *Il se protège.* Non, ne me frappe pas !

ELIN. Je n'ai aucune envie de te frapper.

DAVID. Alors frappe – essaie donc – tu crois que je ne pourrais pas te frapper moi aussi ? Tu vas me donner une chemise propre et moi, je vais te tuer. C'est ça tire-toi ! Allez ! Tire-toi ! Va donc te coucher là-haut sur la charogne pourrie avec qui tu es mariée... disparais, que je ne te voie plus ! Ça suffit. Fous le camp... je te dis... Fous le camp. Tu ne me verras plus jamais. Tu m'entends ? Tu m'entends ?

Il va écouter ses pas qui s'éloignent et disparaissent. La porte se referme. Il se jette à plusieurs reprises contre le mur, jusqu'à ce qu'il en éprouve de la douleur. Il arrache le T-shirt qu'il porte, jette le livre de Ekelöf dans les flammes du fourneau, mais il se repent avant qu'il ne soit entièrement consumé, il lit un peu et va chercher des billets dans la caisse qu'il jette au feu.

TROISIÈME ACTE
(16.45 – 21.30)

Dans la chambre à coucher d'Elin et Martin. Martin ronfle sur son lit, vêtu d'une robe de chambre et d'un pantalon – il a tiré sur lui une couverture.
Elin, assise dans un fauteuil, fume, il y a des photos sur la commode et sur un des murs : Elin et Martin, jeunes fiancés en excursion avec des amis et des parents, leur photo de mariage et celles des garçons. Un rayon de soleil tombe sur la photo de David en petit garçon, il s'y attarde et brille plus fort.
Les pigeons.
Des ronflements cessent brusquement, comme s'ils l'avaient réveillé, Martin sursaute, il ouvre les yeux et aperçoit Elin. Il cherche à tâtons ses cigarettes, en allume une et fume en silence, il regarde le plafond, laisse tomber des cendres et des braises qu'il chasse en s'agitant frénétiquement. Il se dresse sur son séant, cherche ses pantoufles, toujours sans dire un mot – et s'en va aux toilettes sans jeter un regard à Elin, puis revient. S'assied au bord du lit.

MARTIN *regarde enfin Elin, amer.* Alors tu es contente maintenant ? *Un long silence.* Hein ?
ELIN. Pourquoi veux-tu que je sois contente ?
MARTIN. Tu ne comprends pas ? Bon, bon... *Un silence* Tu ne comprends rien. Vous avez l'intention de me garder enfermé ici toute la journée ou est-ce que je peux descendre... Il faut que j'appelle Lena.
ELIN. Pourquoi veux-tu appeler Lena ?
MARTIN. Qu'est-ce que ça peut te faire ?
ELIN. Pourquoi veux-tu appeler Lena ?
MARTIN. Ça ne te regarde pas !

ELIN. Tu veux appeler Lena pour lui raconter comme je suis horrible ?

MARTIN. Elle le sait déjà. Non, ce n'est pas ça. *Il la regarde fixement.* Je n'éprouve aucun besoin de téléphoner à mes frères et à mes sœurs pour leur raconter dans quel enfer je vis. Je ne vois pas pour quelle raison, je viendrais les mêler à notre merde et il n'existe personne avec qui je puisse parler...

ELIN. Oui, et c'est bien de ta faute.

MARTIN. Oui, c'est bien ce que je dis. *Avec franchise.* Si tu veux savoir, je vais lui téléphoner et me mettre à genoux pour quémander de l'argent. Je suis absolument obligé de payer ces échéances. Sinon, c'est fini, et alors là tout est foutu. Tu ne comprends pas ça ? *Il se penche et aperçoit quelque chose par terre, qu'il touche du doigt.* Une bête à bon Dieu. *Il est sur le point de tomber.* Tu n'as rien d'autre à faire que de me surveiller ? Toi, qui as tant de travail. *D'une voix rauque.* Alors, vas-y, mets-toi y et laisse-moi me lever. Tu n'as plus à t'inquiéter. Tu m'as pris tout ce que j'avais. Je ne vaux plus un clou. C'était couru d'avance, quand le bateau coule, les rats quittent le navire... C'est bien ce qu'on dit – les mouettes n'accompagnent pas les bateaux vides.

ELIN. De quoi tu parles ?

MARTIN. Je parle de toi. Est-ce que tu as vu mes pastilles ?

ELIN. Cette fois, je te croyais presque.

MARTIN. Oui, moi aussi. Qu'est-ce que tu dis ?

ELIN. Tu n'as pas honte ?

MARTIN. Qu'est-ce que tu dis ?

ELIN. Tu n'as pas honte, Martin ?

MARTIN. Honte ? Mais non ! Pourquoi ? De quoi j'aurais honte ? Je n'ai aucune raison d'avoir honte. Je trime dix-neuf heures par jour, j'ai trimé, porté, au pas de course depuis que j'ai quitté la maternelle et je n'ai foutrement pas honte ! J'ai toujours rempli mon contrat... Mes ligaments sont comme des ficelles tendues, totalement étirées, ça se déchire tout simplement... Alors, fais-moi boucler ! Mets-moi sous verrou que je me repose... mais ne comptez pas sur moi pour avoir honte ! C'est vous qui devriez avoir honte, vous qui ne me laissez pas vivre comme un être humain... tu n'as pas honte ?

ELIN. Ne crie pas.

MARTIN. Je suis chez moi et je crie autant que je veux... ça me rend fou ! Jamais tu ne me permets de t'approcher – rien que m'épuiser, me tourmenter... alors rien d'étonnant à finir désespéré, si tu me permets l'expression... Tu ne comprends donc pas à quel point je me sens seul... tu ne comprends donc pas ? Je n'ai donc pas le droit de t'aimer ? Je n'ai plus qu'à reprendre du service cet été comme serveur sur le ferry de Travemünde. Comme ça, pendant les vacances tu seras débarrassée de moi – d'ailleurs, là au moins, il y a de vraies femmes. Qu'est-ce qu'il y a encore ? Je vais prendre ce boulot comme ça tu pourras rester en paix avec ton tricot et tes mots croisés. Mona pourrait très bien s'installer ici, elle pourrait coucher dans mon lit.

ELIN. De toute façon, tu seras saoul quand tu rentreras.

MARTIN. Que je rentre saoul ou pas, c'est du pareil au même – je rentre saoul parce que si je ne l'étais pas, je ne rentrerais plus du tout dans cette maison où je vis un enfer, mais ça vous ne le comprenez pas.

ELIN. Et bien ça n'arrange rien.

MARTIN. Mais si ça arrange, je te le garantis. Parce que quand je suis saoul, je ne sens plus comme tu es dure. Tu l'as toujours été. Depuis le premier jour...

dure, froide, inhumaine. Je dis les choses comme elles sont.

ELIN. Tu buvais déjà avant notre mariage.

MARTIN. Non, je ne buvais pas. Ne raconte pas d'histoire. Je ne suis pas une saloperie d'alcoolique. Je prends un verre quand j'en éprouve le besoin – c'est tout...

ELIN. Non, Martin, ce n'est pas vrai, tu es exactement comme les poivrots de la salle de café, en bas... Il n'y a aucune différence entre toi et eux. Sauf qu'eux, ils sont honnêtes... et qu'ils paient. Tu es rigoureusement pareil.

MARTIN. Ah oui... C'est comme ça que tu me vois. C'est du joli.

ELIN. Qu'est-ce que tu veux que je te dise ? Tu ne vaux pas mieux qu'Oscar, le boucher, ou Peter le tailleur de Hasselbacken – ce serait même plutôt le contraire. Parce qu'eux ils n'ont plus de famille à ruiner... Comment peux-tu rester assis là, une bouteille à la main et me mentir à la face en affirmant que tu ne bois pas ? Pourquoi ne descends-tu pas directement au bar avec eux pour commander un verre comme ils le font eux, et boire dignement ?... Qu'y a-t-il de si fabuleux et de si passionnant à cacher sa bouteille dans une poubelle sous l'évier ou derrière des livres de comptes dans son bureau et de faire comme si tu étais occupé alors que tu ne penses qu'à savoir comment descendre tout ça le plus vite possible ?... Tu sais très bien que pour avoir ce verre, tu marcherais sur des cadavres... Pourquoi te mentir ainsi à toi-même. Je voudrais que tu m'expliques ça.

MARTIN. Non, je suis une merde.

ELIN. Qu'est-ce que tu dis ?

MARTIN. Que veux-tu que je te dise ?

ELIN. Avec quelle lavette est-ce que je me suis mariée ?
MARTIN. Oui, on se le demande.
ELIN. Je te trouvais bizarre, c'est vrai... Mais si j'avais su que tu buvais autant, je ne t'aurais jamais épousé.
MARTIN. Balivernes ! Je ne bois pas plus que les autres.
ELIN. Tu deviens complètement fou.
MARTIN. Arrête, maintenant. Arrête.
ELIN. Tout ce qui me reste, c'est le lustre en cristal en bas et mes bijoux, tout le reste... englouti dans ton gosier... la maison, l'espoir, tout ce que j'aimais... Tu ne fais même pas cas de ce que disent les médecins, tu n'as pas d'autre choix – renoncer à l'alcool ou mourir...
MARTIN. Ce n'est pas toujours facile de choisir.
ELIN. Non, je le comprends. Mais peux-tu m'expliquer le plaisir qu'il y a à...
MARTIN. Non, je ne peux pas.
ELIN. L'alcool te rend odieux. Bizarre. Étrange.
MARTIN. Oui... bizarre, étrange.
ELIN. Oui et répugnant. *Un silence.* Georg n'a pas connu un seul instant de bonheur depuis qu'il est tout petit... et David, David n'a pas connu un seul instant de paix depuis qu'il est au monde... Personne n'est aussi bon, aussi gentil que toi quand tu n'as pas bu. Et moi, maintenant, je n'ai plus qu'une seule envie, c'est de me coucher et d'avaler toute la boîte de somnifères pour ne plus avoir à me réveiller... Pourquoi... Pourquoi ?... Qu'est-ce que j'ai fait pour... *Épuisée, elle fume, un de ses bras est sur l'accoudoir du fauteuil. De l'autre, elle se recouvre le visage – des larmes montent, mais elle les cache à Martin.*
MARTIN. Elin... Elin... Ne parle pas comme ça. Non, ne pleure pas... *Il pleure.* Elin...
ELIN *ne pleure pas.* Je ne pleure pas. Pour pleurer, il faut avoir encore des larmes.

MARTIN. Elin... mon amour, non, non... ne dis pas ça.
ELIN. Je ne veux plus rester ici.
MARTIN. Ce n'est pas vrai... Essaie de te calmer –
ELIN. Je ne supporte plus le mensonge.
MARTIN. Ne pleure pas... Ça va s'arranger... il faut que nous nous entraidions.
ELIN. Tu peux rester là et picoler tant que tu veux, ça ne me regarde plus.
MARTIN. Mais regarde-moi ! Je n'ai pas bu ! *Il se relève.* Je suis tout ce qu'il y a de plus sobre !
ELIN. Vraiment ?
MARTIN. Je peux aller droit jusqu'au mur, là-bas, sans faire le moindre pas de travers. Attends, tu vas voir. *Il marche, trébuche.*
ELIN, *riant.* Tu titubes et tu trébuches tellement que tu ne pourrais même pas aller tout droit en enfer.
MARTIN. Comment peux-tu me parler ainsi ? Qu'est-ce que tu veux faire ? Dis, dis, qu'est-ce que tu veux faire ?
ELIN. Demain, je ferai ma valise et j'irai chez Erik et Marianne, ensuite, j'irai voir un avocat.
MARTIN. Quoi ? Mais pourquoi ça ? Je n'ai pas bu une goutte d'alcool depuis... oui, depuis Noël... à Noël, je ne le nie pas, là, j'ai bu, mais j'ai été obligé de boire pour me calmer les nerfs... Maintenant, ce n'est plus pareil... je prendrai de l'Antabus, si tu me le demandes... je ferai n'importe quoi... pourvu que tu ne partes pas... Elin – regarde-moi !
ELIN. Non, ça ne sert à rien.
MARTIN. Elin – regarde-moi ! Tu ne sais pas ce que tu dis ! Je ne peux pas vivre sans toi ! Et David, que va-t-il devenir ? Nous avons besoin de toi, tous les deux.
ELIN. Il part avec moi.
MARTIN. Qui ? David ?

ELIN. Chez Erik et Marianne.

MARTIN. Tu me prendrais même mon enfant ?... Mais jamais de la vie... Qui a pu te donner... Qui a pu imaginer... Qui est derrière tout ça ?

ELIN. Personne... Toi.

MARTIN. Tu veux tout détruire ?... C'est ce que tu veux ?

ELIN. Tu ne veux pas essayer de t'asseoir ?

MARTIN. Non, je ne veux pas ! Ah, je vois... C'est Georg ! Est-ce que c'est Georg qui est derrière tout ça ? Il m'a toujours haï... Vous ne voyez pas tout ce que je fais ? Tu ne vois pas tout le bien que je fais ?

ELIN. Ça ne sert à rien.

MARTIN. Quand ? Quand est-ce que je m'accorde quoi que ce soit, moi ?... Je passe mes journées, du matin au soir dans cette cuisine enfumée... Et toi, tout ce que tu sais faire, c'est me mépriser.

ELIN. Je ne te méprise pas du tout, je te déteste.

MARTIN. Si tu me quittes, je ne crois pas que je pourrai continuer à vivre.

ELIN. Non, je ne le crois pas non plus.

MARTIN. Comment peux-tu dire une chose pareille ? Toi la fille d'un pasteur... un homme qui avait de la religion... Tu lui as promis, tu as promis à ton propre père, devant l'autel, tu lui as promis et tu as promis devant Dieu de m'aimer pour le meilleur et pour le pire...

ELIN. À l'époque tu étais quelqu'un d'autre.

MARTIN. Tu t'en souviens ? Tu ne t'en souviens pas ?

ELIN. Et toi, te souviens-tu de quelques-unes des promesses que tu m'as faites ?

MARTIN. On n'est pas en train de parler de moi en ce moment ! Regarde la photo de notre mariage, la photo là-bas sur la commode – regarde-la, je te dis ! C'est toi et c'est moi c'est toi et moi là, dans l'église, tu ne vois pas, devant la croix... Je tiens ta main et je suis si heureux. *Il éclate en sanglots.* Pour la première fois de ma vie, parce que nous venons de nous promettre devant Dieu et devant tous les hommes que nous allons nous aimer et vivre ensemble... jusqu'à ce que la mort nous sépare. *Il pleure.* Alors, tu n'as pas le droit de dire des choses pareilles... Je ne le supporte plus.

ELIN. Si. Il faudra.

MARTIN. Tu ne peux pas me pardonner ?

ELIN. Non.

MARTIN. Dieu pardonne.

ELIN. C'est son métier.

MARTIN. Non, ce n'est pas vrai ! Pense à tous les moments merveilleux que nous avons partagés... toute la joie... Elin, qu'est-ce que je dois faire ? Je ferai n'importe quoi... tu le sais... Je ferai n'importe quoi pour toi... plus une goutte ! Tu crois que j'aurai envie de boire si tu me quittes ?

DAVID. Qu'est-ce qui se passe ? Qu'est-ce que vous faites ?

MARTIN. C'est horrible.

DAVID. Quoi ?

ELIN. Ce n'est rien, mon petit David – va dans ta chambre. Non, viens t'asseoir mon petit bonhomme.

MARTIN. Maman veut me quitter... elle veut divorcer... Elle dit qu'elle ira demain chez Erik et Marianne... et qu'elle t'emmènera avec elle.

DAVID. Ah bon ?... Et Georg ?

MARTIN. Tu ne peux pas me donner une dernière chance... quelques jours... Tu ne peux pas attendre encore un petit peu ?

DAVID. On va habiter chez eux ?

MARTIN. S'il te plaît Elin. Je t'en prie... je t'en prie, Elin. *Il tombe à genoux devant elle.*

ELIN. Qu'est-ce que tu fais ?
DAVID. Relève-toi.
MARTIN. Elin.
Elin écarte ses mains.
DAVID. Relève-toi, je te dis.
MARTIN. Alors je vais aller me pendre...
DAVID. Oh putain.
MARTIN. Dis-moi que tu ne me quitteras pas.
DAVID. Oui, oui, oui, oui –
MARTIN. Tout va s'arranger... tout... je le sais, je te le promets –
DAVID. Qu'est-ce que tu promets ?
MARTIN. Je ne boirai plus – je sais que ce n'est pas bien –
ELIN. Je ne crois pas à tes promesses.
MARTIN. J'irai lundi chez Lindgren pour lui demander une ordonnance, tu sais bien que je ne peux pas boire quand je prends de l'Antabus.
ELIN. Tu ne le prendras pas...
MARTIN. Je le prendrai, je veux en prendre – de mon propre chef, je veux en prendre, c'est la vérité... Tu sais que si je bois avec de l'Antabus dans le corps, ça me rend malade à crever. Si tu t'en vas, il ne me reste plus rien, tu le comprends ou tu ne le comprends pas ? – Qu'est-ce que je dois faire ?
ELIN. Te calmer.
MARTIN. Non, non – je me calmerai que si tu dis que tu ne t'en iras pas... Ne t'en va pas !
ELIN. Non, non –
MARTIN. Quoi ?
ELIN. Je ne m'en irai pas à la seule condition que nous allions chez Lindgren lundi, qu'il te donne de l'Antabus et que toi, tu prennes tes cachets chaque matin. Si tu ne prends pas tes cachets chaque matin, je te quitte pour toujours.

MARTIN. Quoi ?

ELIN. Si tu prends tes cachets, je resterai un peu pour voir comment les choses tournent.

MARTIN. Non – c'est vrai – c'est sûr ? Oh, mon Dieu, j'ai tellement peur, viens – *À David.* Toi, va-t'en, qu'est-ce que tu fais ici ? Va dans ta chambre !

DAVID. Alors, t'as changé d'avis ? Tu ne vas plus te pendre ? Te pendre au porte-drapeau ? Tu attends la fête nationale ?

MARTIN. Va dans ta chambre, je te dis. Obéis ! Laisse-nous tranquilles, maman et moi.

ELIN. Va, David. Il n'y a pas de danger.

David sort dans le corridor et se dirige vers sa chambre. Martin serre le bras d'Elin, il l'entraîne vite et brutalement à travers le couloir, ils sortent par une porte, la lumière s'éteint, la porte claque. La lumière se rallume immédiatement. David court comme un fou le long du couloir, il ouvre les portes, l'une après l'autre, avec la rapidité d'un éclair et il les referme aussitôt. Il sait ce qu'il cherche – c'est pourquoi cela va si vite. Toutes ces pièces sont identiques. Il frappe à la porte de Georg, une belle chambre fraîchement repeinte dans différentes nuances de gris.

DAVID. Je peux rester ici un moment ? Qu'est-ce que tu joues ?

GEORG. Je ne joue pas.

DAVID. Tu as vu dans Down Beat que Gerry Mulligan et Paul Desmond ont enregistré ensemble un 33 tours ?... avec Joe Benjamin et David Bailey... chez Verve.

GEORG. On dit Veurve.

DAVID. Chez Veurve, alors... Je vais l'acheter. Ils font Line for Lyons aussi, est-ce qu'il se drogue ?

GEORG. Qui – Gerry Mulligan ?

DAVID. Il en prend sûrement.
GEORG. Ils en prennent tous.
DAVID. C'est ce que je veux dire. Pas Stan Kenton... Je ne crois pas. *Il regarde la photo dédicacée de Lester Young.* Pourquoi Lester Young est-il si bon ?
GEORG. Parce qu'il est le meilleur.
DAVID. Je ne l'ai pas beaucoup écouté... Hier, j'ai enregistré le programme Jazz aux U.S.A. De Claes Dahlgren.
GEORG. T'as fait ça ?
DAVID. J'ai été obligé d'effacer le programme de Carl-Erik Lindgren. Du coup, il n'en reste rien.
GEORG. Il y avait quelque chose de spécial ?
DAVID. Oui, Art Blakey, Jazz Messengers, Donald Byrd, un nouveau 45 tour avec Miles Davis, Walking avec Lucky Thompson – tu l'as vu ?...
GEORG. Oui, plusieurs fois.
DAVID. À Copenhague ?
GEORG. Oui.
DAVID. C'est là qu'il habite.
GEORG. Je le sais.
DAVID. Tu as vu Tony Scott aussi. C'est pas Tony Scott qu'il s'appelle ? Tu le trouves bien ?
GEORG. Pas spécialement...
DAVID. Alors qui trouves-tu bien ?
GEORG. Quelle importance ? Stan Hasselgard était bien.
DAVID. Ça c'est sûr.
GEORG. Et Buddy de Franco. Pas Tony Scott.
DAVID. Et qui encore ? Tu écoutes qui d'habitude ?
GEORG. Des tas.
DAVID. Tu sais qui j'aime ?
GEORG. Tu parles ! Fats Navarro, Red Norvo, Charlie Parker, Clifford Brown, Max Roach. Tous mes disques, n'est-ce pas ?

DAVID. Oui, mais ces temps-ci j'aime surtout Chet Baker. Tu as entendu « Made in Mexico » avec Russ Freeman ?

GEORG. Non, qu'est-ce que ça a de spécial ?

DAVID. Je connais chaque note. Je connais chaque note de tout le disque.

GEORG. Il n'en a plus pour longtemps.

DAVID. Ah bon ? Pourquoi ?

GEORG. La drogue.

DAVID. Lars Gulling aussi. Tu le connais ?

GEORG. Charlie Parker aussi.

DAVID. Oui, je sais. Qu'est-ce qu'il disait ?

GEORG. Qu'est-ce que tu veux qu'il dise ?

DAVID. Non, je voulais dire. Qu'est-ce qu'il faisait ?

GEORG. II jouait comme un dieu et après il bouffait... Je n'ai jamais vu quelqu'un bouffer autant...

DAVID *rit.* II y avait un type, en troisième, il piquait des disques, tu sais – on en achète un et on en met trois sous la chemise.

GEORG. Vraiment... Toi aussi ?

DAVID. Oui, ça peut arriver.

GEORG. Je commence à comprendre d'où viennent tous tes disques.

DAVID. Je n'en ai jamais piqué que quelques centaines. Est-ce que je ne pourrais pas jouer un peu ? Ton vieux saxo. Ton vieux saxo en argent.

GEORG. Je n'ai plus de tuyau. Il est cassé.

DAVID. Ça ne fait rien. Juste pour souffler un peu ?

GEORG. Bon, vas-y.

DAVID *se l'accroche.* Merde ! C'est super. Avant, je le trouvais lourd. Plus maintenant. Je sais comment faire.

GEORG. Ah oui ?

DAVID. Bien sûr, je sais où sont les touches.

GEORG. Qu'est-ce qu'on joue ?

DAVID. Non ? Tu rigoles. Nous ? On joue ensemble ? Non !

GEORG. Si. Qu'est-ce qu'on joue ?

DAVID. Toi et moi ? Toi et moi ?

GEORG. Tu n'oses pas ?

DAVID. Si, attends, attends un peu.

GEORG. Il n'y a pas un air que tu connais ?

DAVID *souffle quelques notes.* Mais si, bien sûr, je connais n'importe quel air. « Line for Lyons » ?

GEORG. Tu connais ? O.K., allons-y.

DAVID. Tu donnes le tempo. Moi je suis Chet Baker et toi Gerry Mulligan.

GEORG. Tu peux être celui que tu veux... Prêt ? Tu peux être qui tu veux, putain...

DAVID. Un moment – juste pour voir... *Il monte et descend des notes.* Comme le son est pur. O.K.

Georg marque la mesure, il commence à jouer.

DAVID *entre au mauvais moment.* Merde !

GEORG. Tu rentres à quatre.

DAVID. O.K. Encore une fois.

Georg recommence, il fait signe. Ils jouent « Line for Lyons ». Georg a le solo de Mulligan. David improvise en arrière-fond et joue ensuite le solo de Chet Baker – une copie presque exacte.

DAVID. Est-ce que c'est pas dément ?

GEORG. Tu étires trop longtemps les notes, à la fin.

DAVID. Tu trouves ? Oui, je sais.

GEORG. Ça devient bizarre, on perd la mélodie.

DAVID. Oui, peut-être... On en fait un autre ? « My Funny Valentine » ?

GEORG. Non, ça suffit. Une autre fois.

DAVID. Une autre fois ? On ne pourrait pas faire une autre fois, une autre fois ?

GEORG. Ça se voit que tu as déjà joué sur ce saxo.

DAVID. Ben, tu sais...

GEORG. Je ne comprends pas pourquoi tu mens.

DAVID. Peut-être que ça m'est arrivé de jouer quelques fois.

GEORG. C'est ça, peut-être. Je le retrouve chaque fois tout mouillé en rentrant.

DAVID. Pourtant, je l'essuie toujours. Tu t'en sers jamais de toute façon.

GEORG. Tu pourrais me demander d'abord la permission.

DAVID. Tu m'en veux ?

GEORG. Je trouve que c'est de foutues manières, tout simplement.

DAVID. Bien sûr. Tu as raison.

GEORG. Tu pourrais au moins demander.

DAVID. Je demanderai. Je demanderai. Je promets. Mais pourquoi gardes-tu toutes tes affaires ? Pourquoi gardes-tu ce vieux saxo ?

GEORG. Je les conserve.

DAVID. Pour quoi faire ?

GEORG. Pour mes enfants.

DAVID. Ah bon. *Triste.* Tu vas en ville, ce soir ?

GEORG. Je ne sais pas. Pourquoi ?

DAVID. Comme ça, pour savoir.

GEORG. Je vais voir ce que je vais faire... Et toi, qu'est-ce que tu fais ? Tu vas au cinéma ?

DAVID. Non, je veux mettre de l'argent de côté.

GEORG. Va donc au cinéma, si t'en as envie.

DAVID *tape du pied.* Non, pas ce soir. C'est un film avec Esther Williams. Je trouve que tu ne devrais pas... Je trouve que tu ne devrais pas sortir ce soir.

GEORG. Pourquoi pas ?

DAVID. On ne sait jamais ce qui peut arriver.

GEORG. Il n'arrivera rien du tout.

DAVID. Qui a les clefs ?

GEORG. Maman.

DAVID. Alors, je crois que je vais descendre faire une partie de billard – Tu viens ?

GEORG. Non, je n'ai pas le temps.

DAVID. Alors je file. Salut.

MARTIN, *seul dans la cuisine. – Il se glisse à pas de loup. – Il est allé chercher un escabeau sur lequel il grimpe pour ouvrir le grand placard du dessus, qui est rempli de toutes sortes de verres et qui est si fragile que tout menace de lui tomber dessus – il cherche un grand verre qu'il a rempli à ras bord de vodka.* Bon sang, où l'ai-je fourré ?... Où l'ai-je fourré ? Par là-haut ? Non – si, le voilà... derrière, tout au fond... attention, doucement... bon Dieu... *Les pigeons.* Vous, taisez-vous !... Ne rien renverser, attention... Oui, le voilà... Voilà, doucement... oh... Dépêche-toi ! *Il vide la moitié du verre et regarde autour de lui.* Non, personne. Ne bois pas tout d'un seul coup... Où est le dentifrice ? *Il chuchote.* Je ne peux pas tout boire d'un coup, je n'ose pas... Qu'est-ce que je vais faire de ça ? Je ne peux pas le remettre, elle le verra – il faut que je le jette dans l'évier, non, ce ne serait pas prudent. Chut ! Quelqu'un vient. Non, ce n'est que Georg... Il n'aura pas le temps de descendre. Du calme. Je vais tout boire, ça n'a aucune importance, comme ça j'en serai débarrassé et après c'est bon. Et après, je monterai avec le café. Il faut que je me rince la bouche avec le dentifrice... Quelle misère ! *Sifflant entre ses dents.* Aïe, ça fait mal de nouveau. Je bois trop vite. Jamais moyen d'avoir un moment de calme. *Il vide tout le verre.* Ils ne le remarqueront même pas... C'est des conneries, ça ne sent rien. Quelle heure est-il ? *Il regarde.* Il ne faut surtout pas que je tombe. Il faut que je range l'escabeau. Il n'est pas encore six heures... Mon Dieu, elle ne va pas s'endormir avant des heures et des heures...

Qu'est-ce que j'étais venu faire déjà ? Ah oui, elle voulait du café. Il faut que je lave le verre. Est-ce que je l'ai déjà lavé ? Impossible de rien lui cacher. Il faut que je le lave et que je le remette en place et que j'enlève l'escabeau. *Il descend.* Ouf, ça fait du bien, j'en avais besoin. *Il lave le verre, l'essuie, oublie de le remettre à sa place, ferme le placard, descend, emporte l'escabeau.* Et maintenant, je vais faire chauffer de l'eau. *Il siffle.* Faut être prudent. *Il aperçoit le verre, il est obligé de tout recommencer.* Bon sang, où ai-je mis cette foutue bouteille ? Non, ça suffira comme ça... Mais où est cette bouteille – où est-ce que je l'ai cachée ? Je suis descendu à la cave. Il y a ici des centaines d'endroits où l'on peut cacher une bouteille. Mais mon Dieu, qu'est-ce que j'en ai fait ? Je suis pourtant sûr d'en avoir sorti une. Non, attends, dans le placard à balais, c'est ça... Jouez, jouez, c'est tout simplement affreux – ils n'ont donc rien d'autre à faire ? Je l'ai mise dans le placard à balais. C'est ça. *Il ouvre le placard, défait le couvercle de l'aspirateur, plonge la main dedans et en extrait un litre de gin.* Celui-là, vous ne l'avez pas eu ! Vous savez pas à qui vous avez affaire...
Du gin, de la vraie pisse d'âne !... Berk, j'en reprends pas. D'ailleurs, je n'aime pas le gin. Ce n'est pas la peine... Je vais le remettre à sa place. Dire qu'ils sont si bêtes qu'ils s'imaginent pouvoir m'avoir, mais voyez-vous, c'est raté... J'avais dit plus. Ou alors je vais le boire très vite. Dépêche-toi donc. Non. Je n'en ai pas eu assez. Non, je n'en veux plus, pas une goutte de plus. *Il boit.* Maintenant, ça suffit. Après, on la remet à sa place. Et après on ferme, à clef. L'eau bout. Où vas-tu ?

DAVID. Qu'est-ce que ça peut te foutre ?

MARTIN. Qu'est-ce que tu dis ?

DAVID. Tu entends mal ?

MARTIN. Parfaitement. Tu le sais bien. J'ai eu le tympan crevé pendant la Deuxième Guerre mondiale. Je te demande où tu vas ?

DAVID. Où est maman ?

MARTIN. Maman, maman, maman ! Surtout ne monte pas la déranger. Elle a besoin de se reposer un peu.

DAVID. Tu as la permission d'être ici ?

MARTIN. Je lui fais du café – tu le vois bien ? Pourquoi es-tu si insolent avec moi ?

DAVID. Je ne te parle pas.

MARTIN. Reste là – tu vas me faire le plaisir de – je veux te parler !

DAVID. C'est répugnant de voir un homme de cet âge à genoux, en train de mendier.

MARTIN. Qu'est-ce que tu dis ? Reste ici... Je veux te parler !

DAVID, *qui se dirige vers la salle de billard.* Ta gueule, sinon je te coupe la bite et je l'enfonce comme un bouchon dans la bouteille.

MARTIN. Comment ? Tu vas jouer au billard ?

DAVID. Non, je ne vais pas jouer au billard. Monte, va lui téter les mamelles.

MARTIN. Il est fou.

DAVID, *dans la salle de billard – il décroche une queue, enlève la couverture, dispose les boules dans le triangle, les pousse dans une direction, puis dans une autre, passe le bout de la queue à la craie, ressort dans la cuisine – Martin est monté – il pique quelques cigarettes, retourne au billard. Maintenant, il joue « D'ici à l'éternité » (Tant qu'il y aura des hommes ?). Il est au moins trois personnages. De retour à la caserne, il joue au billard, un des autres lui demande pourquoi il ne veut pas se battre. Les autres le provoquent, déplacent les boules etc. Le poussent par derrière. Il va remettre la queue à sa place, quelqu'un essaie de le frapper. Il abandonne maintenant le rôle de Montgomery Clift, il sort par la porte et revient en Burt Lancaster, marche avec une allure raide en direction de ses ennemis avec une bière à la main, casse rapidement la bouteille contre le billard, de sorte que la bière jaillit, il avance avec sa bouteille brisée contre le ventre de l'autre, frappe et pour finir le plaque durement contre une chaise le long du mur, soudain, il se réveille, troublé, épuisé – il regarde autour de lui.* Merde, elle est cassée. Je ne l'ai pas fait exprès. *Il va chercher un balai et une pelle, ramasse le verre et va le jeter dans la poubelle, puis il revient.* Non, je ne joue plus. Je gagne tout le temps. *Il va chercher une poignée de pièces dans la caisse, en met une dans le juke-box, appuie sur le bouton d'une dizaine de disques.* Des disques de merde. Pourquoi c'est pas moi qui déciderait des disques qu'on y met. *Musique : Frank Sinatra « You Make Me Feel So Young ». Il hurle.* You make me feel so bad ! You make me feel so old and sad ! Bon je monte tuer les pigeons. Pourquoi faudrait-il qu'ils vivent ? *Il claque la porte.*

ELIN, *dans la cuisine.* Ne claque pas les portes comme ça. Tu peux venir m'aider pour les lapins ?

David va prendre un verre de lait.

ELIN. Tu pourrais laver ton verre. On va bientôt manger. Tu as faim ? C'est toi qui as mis cette musique ? Ne t'en va pas... Tu ne pourrais pas aller arrêter cette musique, si tu ne l'écoutes pas. C'est du gaspillage. Alors, j'y vais.

DAVID *l'imite en son absence, il sort des couteaux d'un tiroir. Entre dans la salle à manger.* Ne claque pas les portes comme ça. Tu pourrais laver ton verre. On va bientôt manger. – Tu as faim ? C'est toi qui as mis cette musique ? Ne t'en va pas ! *Il sort et dit à haute voix.* On verra bien pendant combien de temps tu auras le courage de débiter tes idioties pendant qu'ils me conduiront à la chambre à gaz.

ELIN. Qu'est-ce que tu dis ?

DAVID. Qu'est-ce que tu dis ?

ELIN. Je vais mettre un peu d'ordre.

DAVID. Je vais mettre un peu d'ordre.

ELIN. Pourquoi as-tu mis ce vieux maillot ?

DAVID. Pourquoi as-tu mis ce vieux maillot ?

ELIN. Alors dis-moi, comment as-tu trouvé le livre qu'on t'a offert. C'est bien celui que tu voulais. David...

DAVID. Alors dis-moi, comment as-tu trouvé le livre qu'on t'a offert. C'est bien celui que tu voulais. David...

ELIN. Arrête, s'il te plaît.

DAVID. Arrête, s'il te plaît.

ELIN. S'il te plaît David –

DAVID. S'il te plaît David –

ELIN. Qu'est-ce que tu as ?

DAVID. Qu'est-ce que tu as ?

ELIN. Tu peux me le dire ?

DAVID. Tu peux me le dire ?

ELIN. Qu'est-ce que j'ai fait ?

DAVID. Qu'est-ce que j'ai fait ?

ELIN. Bon, alors...

DAVID. Bon, alors...

ELIN. Tu ne pourrais pas m'aider un peu à mettre la table ? Descends les assiettes.

DAVID. Tu ne pourrais pas m'aider un peu à mettre la table ? Descends les assiettes.

ELIN. Est-ce que tu as mal quelque part ?

DAVID. Est-ce que tu as mal quelque part ?

ELIN. Oui, j'ai mal. Et ça ne fait qu'empirer.

DAVID. Oui, j'ai mal. Et ça ne fait qu'empirer.

ELIN. Qu'est-ce que c'est que ces façons ?
DAVID. Qu'est-ce que c'est que ces façons ?
ELIN. Bon, je vais donc mettre la table moi-même.
DAVID. Bon, je vais donc mettre la table moi-même.
ELIN. Si au moins, on pouvait s'en aller d'ici.
DAVID. Si au moins, on pouvait s'en aller d'ici.
ELIN. Tu n'as rien d'autre à faire ?
DAVID. Tu n'as rien d'autre à faire ?
ELIN. Parce que moi, j'ai à faire, je t'assure.
DAVID. Parce que moi, j'ai à faire, je t'assure.
ELIN. Mais alors fais-le, David.
DAVID. Mais alors fais-le, David.
ELIN. Arrête, je te dis.
DAVID. Arrête, je te dis.
ELIN. Qu'est-ce que tu as ?
DAVID. Qu'est-ce que tu as ?
ELIN. J'ai peur.
DAVID. J'ai peur.
ELIN. Peur, toi ? De quoi as-tu peur ?
DAVID. Peur, toi ? De quoi as-tu peur ?
ELIN. J'ai peur que... ah ! Quel gosse tu es.
DAVID. J'ai peur que... ah ! Quel gosse tu es.
ELIN. Oui, oui, oui... tu verras quand tu seras vieux.
DAVID. Oui, oui, oui... tu verras quand tu seras vieux.
ELIN. Continue comme ça, tu finiras bien par te fatiguer.
DAVID. Continue comme ça, tu finiras bien par te fatiguer.

Elin dispose les assiettes, elle a mis des pommes de terre à bouillir, elle allume une cigarette, prend un journal et se met à faire les mots croisés. Silence.

ELIN. Où est Martin ?
DAVID. Où est Martin ? *Un silence.*
ELIN. Toi qui connais tellement de mots...
DAVID. Toi qui connais tellement de mots...

ELIN. Regarde, qu'est-ce que ça peut bien être : un mot en six lettres.

DAVID. Chatte ? *Silence.* Chatte, je te dis. Mais ça marche aussi avec putain.

ELIN. Comment dis-tu ?

DAVID. Putain.

ELIN. Tu sais ce que c'est ?

DAVID. Oui, je sais. Des putains en chaleur, j'en vois toute la journée.

Elin se lève. David également.

DAVID. Ne me touche pas. Si tu me frappes, je te frappe. Je le ferai. Que tu aies été ma mère, je m'en fous. Je te frappe quand même.

Elin va chercher du pain, prend un couteau et commence à couper.

DAVID. Je n'irai pas à Malmö demain. S'il y a quelqu'un ici qui doit devenir marin, c'est toi. Tu feras ça carrément bien. Réponds. Tu ne comprends peut-être pas ce que je dis. *Un silence.* Tu ne peux pas me forcer. Tu entends ce que je dis. Maman, je ne veux pas.

MARTIN *entre, marqué, mais très légèrement, par l'alcool. Il vient de dehors.* Voyons Elin, tu ne vas pas te mettre à préparer le repas. Laisse-moi faire. *Il lui prend le couteau.* Je suis allé acheter des cigarettes. Quelle merveilleuse soirée. De quoi parlez-vous ? Ce couteau est tellement usé qu'il est à peine bon pour couper le beurre. *Il aiguise le couteau avec un fusil à manche.* Bon, est-ce que Georg dîne avec nous ? Sa voiture est encore devant la maison. De quoi parliez-vous ?

ELIN. De rien de spécial.

DAVID *ouvre la fenêtre – il est près de sept heures – une soirée tiède et calme du mois de mai.* De l'air frais.

MARTIN. On pourrait peut-être aller se promener. Elin, comme avant... autrefois ?

ELIN. Où ça ? Je ne crois pas que j'en aie envie.

MARTIN. Mais si, tu en as envie. Ça fait tout drôle de se trouver là, un soir de semaine, sans avoir rien à faire... Il y a peut-être quelque chose à la radio ? C'est le journal que tu as là ?... Ce serait bien s'il y avait un polar à suspens à la radio... Tu te souviens, David, de l'affaire Johannes ?

DAVID. Non.

MARTIN. Mais bien sûr que si ! Tu avais tellement peur qu'une nuit tu es venu dans mon lit. Tu te souviens bien ! *Regarde dans le journal.* Non, il n'y a que des conneries. Tu n'as pas froid ?... David tu veux bien monter chercher le gilet de maman.

ELIN. Non, je n'ai plus froid.

MARTIN. Tu restes comme ça et tu attrapes froid. Qu'est-ce que tu as fait du gilet que ta mère t'a tricoté pour Noël ? Pourquoi ne le mets-tu jamais ? Il est pourtant joli. Tu en voulais un comme ça, exactement comme le mien, n'est-ce pas ? Elin ? Va chercher le gilet pour ta mère, David, tu seras gentil. Elin, tu n'es pas dans le courant d'air ?

ELIN. C'est agréable.

MARTIN. Tu en es sûre ? – Ferme la fenêtre, David, tu seras gentil, je me sens un peu frileux. Tu entends ce que je te dis ?

ELIN. Laisse-la ouverte. C'est agréable.

MARTIN. Bon, si c'est toi qui le dis... Tu fumes trop.

ELIN. C'est bon.

MARTIN *se racle la gorge violemment, d'une façon repoussante.* Bien sûr que c'est bon, mais c'est peut-être de là que vient ta toux. La première chose que tu fais, le matin quand tu te réveilles, c'est d'allumer une cigarette. *Il bâille.* Moi, je n'avale jamais la fumée. C'est la chaleur. Ils ne dorment donc jamais tes pigeons ? *Il regarde par la fenêtre.* Qu'est-ce que c'est que celui-là – je ne l'ai encore jamais vu ! *Il l'appelle, il l'imite et il lui parle. Elin et David se regardent.* Il comprend tout ce que je lui dis. Viens, viens, viens, viens – petit petit petit petit petit petit – il s'est envolé. Il ne fait que quatorze degrés, dehors. *Il tapote le thermomètre.* Tu te rappelles ce que maman te disait quand tu étais petit ? Tu n'arrivais pas à comprendre qu'il y ait différentes sortes de thermomètres et maman avait l'habitude de dire – non, ça ce n'est pas le thermomètre qu'on enfonce dans le derrière, ce thermomètre-là on le met dans le derrière du temps. Et je n'oublierai jamais quand on habitait à Kävlinge... Tu te souviens, Elin, on habitait tout près de l'abattoir. Toi, David tu étais tout petit.

DAVID. Si, je me souviens.

MARTIN. Vraiment, tu te souviens ?... C'était le matin où ils ont amené des veaux. Maman était en train de faire la vaisselle, et par la fenêtre elle a vu le camion et les veaux qui devaient descendre du camion pour aller à l'abattoir... Et il y a eu un veau qui a réussi à s'échapper et qui s'est mis à courir, courir et les bonshommes couraient après lui pour essayer de l'attraper... maman a alors ouvert sa fenêtre et elle s'est mise à crier au veau tout ce qu'elle pouvait : non, pas par là, gros bêta, par là ! Tout le monde s'est arrêté et on l'a regardée en se demandant qui était cette folle... Tu te souviens Elin. Ah ! Quel enfer. Je me souviens quand le roi Gustaf V est mort, c'était un dimanche et tu avais une horrible poche de pus là en haut dans la mâchoire, tu étais couchée et tu as crié toute la journée, mais on ne pouvait rien faire, sauf te mettre des compresses avec de l'alcool... Et moi qui aurais voulu écouter l'enterrement à la radio.

DAVID. Par contre, je me souviens très bien l'été dernier, quand deux types sont venus de l'inspection des impôts pour vérifier les factures et quittances pour l'inventaire ou je ne sais quoi, mais toi tu avais tellement bu pendant la semaine que tu étais complètement parti et qu'il n'y avait pas un seul papier en ordre.

MARTIN. Pourquoi racontes-tu ça ?

DAVID. Comme ça, parce que je m'en souviens – ils sont arrivés, ils ont frappé à la porte et ils ont dit, nous voilà, nous sommes de l'inspection des impôts et nous avons rendez-vous avec votre mari – et maman a répondu, un instant, entrez donc, je vais aller le prévenir, parce qu'elle savait que tu étais couché là-haut, complètement torché.

MARTIN. Bon sang, pourquoi tu ne me fiches pas la paix – c'est quelque chose qui ne te regarde pas.

DAVID. Alors maman est entrée dans le bureau, elle a pris tous les papiers qui étaient là, elle les a mis dans une chemise, puis elle est allée dans la salle à manger et elle leur a souri en disant : « voilà les papiers ». Et puis elle a fait semblant de trébucher, la chemise s'est défaite et tous les papiers sont tombés par terre et alors... terminé... ils ont promis qu'ils reviendraient quelques jours plus tard quand elle aurait eu le temps de les remettre en ordre. C'était bien vu, non ?

MARTIN. Oui, on a beau parler, ça ne sert à rien.

DAVID. Non, pas quand c'est toi qui parles.

ELIN. Tu veux bien monter et dire à Georg qu'on va manger ?

DAVID. Tout ce que je voulais dire, maman, c'est que là je t'ai admirée.

MARTIN. Mais moi j'imagine que tu ne m'as jamais admiré ?

DAVID. Non – toi, je ne t'ai jamais admiré.

MARTIN. Je comprends ça. *Il se lève, amer.*

Elin qui est tout près de lui, lui donne soudain un baiser.

MARTIN. Qu'est-ce que tu fais ?

ELIN. Rien.

MARTIN. Tu m'as embrassé.

ELIN. Vraiment ?

MARTIN, *après un bref instant.* Vous ne comprenez pas, vous et maman, maman et vous deux, vous ne comprenez pas que vous êtes ce qu'il y a de plus beau dans ma vie… *Il la prend dans ses bras.* Reste. Je suis tellement… Il faut nous entraider… Il faut essayer de nous entraider… Oh, que ferais-je sans vous ?… Mon petit David… mon petit garçon… *Une petite pause.*

ELIN. Va-t'en.

MARTIN. Quoi ? Qui ?

ELIN. Il y a là-bas une biche qui est en train de manger le jasmin.

DAVID. Tu l'as fait fuir.

GEORG *descend les escaliers, tiré à quatre épingles, costume, cravate, chapeau.* Qu'est-ce qu'on mange ?

MARTIN. Regardez qui nous arrive ! Quelle élégance ! Tu vas à un enterrement ? Ma foi, tu es vraiment très chic. Nous allons manger les restes du dîner de mariage d'hier. Quels gens sans éducation, ils croyaient qu'ils pouvaient m'appeler comme ça. *Il claque du pouce et du majeur.* Mais j'ai répondu comme je le fais toujours – « Les chevaux, monsieur, sont à l'écurie ».

ELIN. Et après il a voulu danser avec Mona.

MARTIN. Fallait qu'il soit rudement pété.

DAVID. Il lui a tripoté les seins.
ELIN. Ce saumon fera encore pour demain. Tu as appelé Lena ?
MARTIN. Quand aurais-je eu le temps de le faire ?
DAVID. Quelle Lena ?
ELIN. Fais attention à ta veste, Georg.
MARTIN. Ta tante, je l'appellerai plus tard.
ELIN. Mange donc, David. Tu ne manges rien.
DAVID. Je n'ai pas faim.
MARTIN. Tu vois les muscles qu'il a. De qui donc peut-il les tenir ?
DAVID. De maman.
MARTIN. Tu te souviens ce qu'a dit le docteur qui t'a accouché – tu as entendu ce qu'il a dit, David, quand il t'a vu ?
DAVID. Comment veux-tu que je l'aie entendu. J'avais de l'eau dans les oreilles.
MARTIN. Bien sûr, mais tu sais ce qu'il a dit en te voyant sortir ? Il a dit, ce garçon sera terrible, ce sera soit un Hitler soit un Churchill. Pas vrai Elin ?
ELIN. Oui, mais bois ton lait.
DAVID. Ce que tu peux avoir l'air bête !
MARTIN. Qui ? Moi ?
DAVID. Oui, toi.
MARTIN. Pourquoi ?
DAVID. Je ne sais pas.
MARTIN. Si ma compagnie ne te plaît pas, tu peux sortir de table.
ELIN. Ne vous chamaillez pas.
MARTIN. Je ne me chamaille pas. C'est David. Tu peux lui dire. Je vais essayer de perdre dix kilos.
ELIN. Mais pas en mangeant moins, n'est-ce pas ? Tu rentres ce soir ?
GEORG. Je vais voir.

ELIN. Qu'est-ce que vous allez faire ? Vous allez danser ?
GEORG. Au club.
ELIN. Ça m'aurait amusée d'aller danser. Cela fait des années que je n'ai pas dansé.
GEORG. Monte te mettre une robe et viens.
ELIN. Non, je ne peux quand même pas.

David se penche au-dessus de la table, vers sa mère. Il prend un couteau, le tient devant son visage, puis il lui coupe la joue vers le cou, le sang jaillit d'une longue estafilade, il coule sur sa robe et sur la table. Il se lève, va jusqu'à l'évier où il se lave les mains et lave ensuite le couteau, puis il revient à table, s'assied, repose le couteau.

ELIN *regarde le sang et s'affaisse. Un instant plus tard, elle est de nouveau vivante et rien ne s'est passé.*
Ça m'aurait amusée d'aller danser. Cela fait des années que je n'ai pas dansé.
GEORG. Monte te mettre une robe et viens.
ELIN. Non, je ne peux quand même pas. Je n'ai guère eu d'occasions de danser.
MARTIN. Tu as dansé il y a quelques semaines à peine, quand Wallis s'est marié. Ce jour-là tu étais gaie, je te prie de le croire.
ELIN. Moi ?
MARTIN. Oui, toi. Tu as dégueulé dans les plates-bandes et la petite fille de Wallis disait « celle-là aussi, celle-là aussi ! » en montrant les autres fleurs. Elle croyait que tu les arrosais.
ELIN. Tu ne veux pas essayer d'avaler un morceau, David ?
DAVID. Non merci.
ELIN. Tu adores le saumon.
DAVID. Non, j'adore le turbot à la sauce hollandaise.
MARTIN. Le turbot à la sauce hollandaise, nous n'en

servons que pour les enterrements. Tu pars déjà ? Tu rentres ce soir ?

GEORG. Ça te regarde ?

MARTIN. Non, non, non – je voulais simplement savoir. Et ne prends pas le virage à fond la caisse quand tu rentres. Ton permis, on dirait que tu l'as eu par le Père Noël.

GEORG. Qu'est-ce que ça peut te foutre. *Il sort.*

MARTIN. Ça y est, il est parti. On s'accorde encore une petite cigarette ? Ou alors, qu'est-ce qu'on fait maintenant ? Je peux faire la vaisselle... Tu ne veux pas monter te reposer un moment ? Tu as l'air fatiguée, aujourd'hui. Tu es toute pâle. Je fais la vaisselle et après j'appelle Lena – et puis je monte moi aussi. Va te reposer. La journée tire à sa fin. Je crois que je vais me chercher un bon livre. Et ensuite, je viens. Va te reposer.

ELIN. Je ne me sens pas très d'entrain.

MARTIN. Non, je le vois bien.

ELIN. Et si Lena dit non ?

MARTIN. Ce n'est tout simplement pas possible.

ELIN. Mais si elle dit non ? Qu'est-ce qu'on fait ?

MARTIN. Je ne sais pas.

DAVID. Je ne pourrais pas dire que le chien a bouffé l'argent – c'est bien ce que tu avais dit au contrôleur des impôts, à propos des quittances... Le problème c'est que maintenant le chien est mort.

MARTIN. Quel chien ?

DAVID. Le chien, ça devait être toi.

ELIN. Ne te mêle pas de ça, David.

DAVID. Excuse-moi. Mais si cette nuit il te bat, ne viens pas me demander de l'aide. Tu n'auras qu'à compter sur toi.

ELIN. Qui me battrait ?

MARTIN. Il fait l'insolent. Tu devrais avoir honte. *Il se lève.* Bon, maintenant il faut que je bouge.

ELIN, *qui se lève aussi.* Est-ce que tu as dit à Ulla de plumer les canards ?

MARTIN. Les canards ? Non, nooooon, je les ai plumés moi-même, hier. Elle ne supporte pas l'odeur, qu'elle dit... Tu fais bien de me rappeler ça, il faut que je les mette à mariner... Bon, je vais faire ça aussi. Bordel de merde. Maintenant, tu m'écoutes – tu éteins cette cigarette et tu montes te coucher, je te rejoins plus tard, ma chérie.

ELIN. Oui, je crois que c'est ce que je vais faire. Il faut que je raccommode la chemise de David. N'oublie pas Lena.

MARTIN *soupire.* Non.

ELIN. Tu me le promets.

MARTIN. Oui, oui.

ELIN. Et après David, tu viens me dire bonsoir. Tu le fais, n'est-ce pas ? Ne ressors plus ce soir. *Elle sort et elle tousse.*

MARTIN. Ce que cette toux est désagréable.

David a arrêté le tourne-disque. Rêve ? Elin est dans la salle de bain, elle l'appelle. « Viens me brosser le dos. » Il entre, etc. Elle lui demande de brosser plus bas – il la savonne – il brosse, il la rince. Il regarde son corps – soit il commence à la caresser, à lui toucher les seins et ainsi de suite, soit sans raison apparente elle devient furieuse et crie : « Qu'est-ce que tu viens faire ici ! Va-t'en, espèce de cochon ! »

MARTIN. Qu'est-ce que tu veux faire, alors ?

DAVID. Je vais regarder le journal télévisé.

MARTIN, *regardant sa montre.* Il est déjà si tard ?

DAVID. Je m'en irai quand ça me plaira.

MARTIN. Tu ne voudrais pas rester ici à bavarder un moment ?

DAVID. Avec qui ?

MARTIN. Avec moi, pardi.

DAVID. Tu te souviens que tu m'as promis que ce soir je pourrais veiller pour regarder la finale des six jours ?

MARTIN. Je t'ai promis ça, moi ? À quelle heure ?

DAVID. Ça commence dans quelques heures.

MARTIN. Pourquoi tu me demandes ? – Tu fais toujours ce que tu veux.

DAVID. Depuis quand ?

MARTIN. Depuis toujours. Ça a toujours été comme ça. Assieds-toi et bavardons un moment... Maintenant que nous sommes seuls.

DAVID. De quoi ?

MARTIN. N'importe quoi.

DAVID. Je n'ai rien à dire.

MARTIN. Non... non... non.

DAVID. Quoi « non » ?

MARTIN. Non... tu le sais très bien – ça n'a pas été toujours facile –

DAVID. Non, ça n'a pas été toujours facile, mais on dirait que pour toi ça a été drôlement facile, beaucoup trop facile.

MARTIN. Oui, oui, je sais ce que tu penses de moi... Mais on est resté ensemble, je veux dire maman et moi... On s'est serré les coudes. Ce n'est quand même pas rien... On a toujours eu des ennuis côté argent. On n'était pas les seuls, tu t'en rendras compte le jour où tu auras une famille et des gosses à nourrir... Pendant la guerre, quand on habitait à Huddinge –

DAVID. Vous aviez si peu d'argent que tu étais obligé

de voler les bougies du restaurant où tu travaillais pour chauffer votre chambre à coucher.

MARTIN. Oui c'est vrai, non mais je pense à autre chose. Sais-tu que maman a fait une fausse couche ? Avant ta naissance ? Quand on a emménagé dans la villa de Huddinge et qu'elle a voulu accrocher de nouveaux rideaux dans le salon, elle a dû faire un faux mouvement, et d'un coup, eh bien, c'est venu, tout simplement. Elle en était au quatrième mois. C'était une fille... une petite fille... qui aurait été ta sœur. Tu n'aurais pas aimé avoir une grande sœur ? Tout aurait peut-être été différent.

DAVID. Mais toi, toi quand même, tu n'aurais pas été différent ?

MARTIN. Mais enfin David...

DAVID. Je n'arrive pas à réaliser que tu sois mon père. C'est vraiment vrai ?

MARTIN. Bien sûr que je suis ton père. Pourquoi dis-tu ça ?

DAVID. C'est sûr ? Je ne suis pas le bébé kidnappé de Charles Lindbergh ?

MARTIN. Tu es tout simplement insolent.

DAVID. Tu es tout simplement répugnant.

MARTIN. Mais enfin David –

DAVID. Oui, papa.

MARTIN. Je voudrais que tu essayes... Seulement que tu essayes de croire en moi... Tu ne réalises pas comme je t'aime. Je veux que tu sois heureux... Ne peux-tu pas faire l'effort de me croire... Quand je te dis que je vais faire tout ce qui est en mon pouvoir pour que tout change... et que tu n'aies plus à te tourmenter à cause de moi... Nous allons essayer de nous ressouder comme une famille... David, ne t'en va pas – écoute-moi, David – pourquoi as-tu tant de haine ! Je suis quand même ton père. Regarde-moi !

DAVID. Je t'admire, papa.

MARTIN. Ah bon ? Pourquoi ?

DAVID. Parce que tu as le courage de te regarder dans la glace chaque matin. Je trouve que cela a une certaine valeur en soi. Maintenant, je vais aller regarder la télé – et je veux être un peu tranquille. Tu m'entends ?

MARTIN. Quoi ? Non, tu ne comprends rien.

DAVID. Qu'est-ce que tu veux que je comprenne ?

MARTIN. Ta maman et moi, nous nous aimons. Tu n'as pas vu la façon dont elle m'a embrassé ?

DAVID. C'était juste pour voir si tu sentais l'alcool.

MARTIN. Quoi ? Quand je serai au cimetière et qu'il sera trop tard, tu regretteras d'avoir parlé ainsi...

DAVID. Encore une minute et tu vas te mettre à chialer et moi, je vais rester là avec cinquante kilos de larmes sur les bras. Tout ça, je connais. Je connais. *Il sort en claquant la porte.*

MARTIN *reste assis, désespéré, lourd, il soupire – termine sa cigarette, se lève, ôte sa veste, roule les manches de sa chemise, fait la vaisselle – puis il sort un grand plat où sont les canards, plumés et vidés. Il verse l'eau du plat, regarde autour de lui dans la cuisine, va vers la salle de billard où est la télévision, s'arrête, écoute – puis continue jusqu'au pied de l'escalier et revient enfin dans la cuisine. De l'intérieur d'un des canards, il extrait une petite bouteille de vodka qu'il avale à toute vitesse, il se rince la bouche avec du dentifrice, se gargarise, crache et cherche une autre cachette pour la bouteille.* À quoi bon, c'est inutile – autant la vider et la mettre avec les bouteilles vides. *Il boit.*

DAVID *s'est introduit dans la cuisine et il le regarde.* Ne bois pas si vite, papa, ton ventre va éclater.

MARTIN. Nom d'un chien – de nom d'un chien, qu'est-ce que tu fous là ? File à côté !

DAVID. Je voulais juste regarder.

MARTIN. De quoi s'agit-il, bordel de merde !

DAVID. Tu es en train de picoler... Mais je ne veux pas te déranger. Vas-y, bois encore un coup.

MARTIN. Pas du tout, je ne bois pas ! Qu'est-ce que tu vas chercher, nom de Dieu ! File immédiatement à côté !

DAVID. J'ai vu quand tu as bu, je t'ai vu porter la bouteille à ta bouche, j'ai vu ta pomme d'Adam qui montait et qui redescendait, je t'ai vu avaler...

MARTIN. Je n'ai rien bu – arrête ça !

DAVID. Ah bon ? Et alors, qu'est-ce que tu faisais ?

MARTIN. Je ne faisais rien du tout ! Je voulais seulement regarder dans la bouteille pour vérifier qu'elle était bien vide avant de la jeter... Mais bon Dieu, je voudrais bien savoir de quel droit tu m'interroges ? File devant ta télé, avant que je ne me fâche !

DAVID. Je monte voir maman.

MARTIN. Qu'est-ce que tu vas faire ? Qu'est-ce que tu dis que tu vas faire ?

DAVID. Je monte voir maman pour tout lui raconter.

MARTIN. Tu ne vas pas faire ça. Si jamais tu oses...

DAVID. Bien sûr que je vais le faire.

MARTIN. Tu ne vas pas faire ça !

DAVID. Mais si, évidemment que je vais le faire.

MARTIN. Non, je te dis... Tu vas laisser ta mère tranquille ! Tu n'iras nulle part. Tu resteras ici.

DAVID. Qui va m'en empêcher ?

MARTIN. Moi.

DAVID. Toi.

MARTIN. Tu vas voir. Si tu dis un seul mot à maman –

DAVID. Tu passeras un mauvais quart d'heure.

MARTIN. Non, c'est toi qui passeras un mauvais quart d'heure... Ça va barder... Je t'en prie, laisse ta mère tranquille... David... David.

DAVID. MAMAN ! MAMAN ! TU NE SAIS PAS CE QUE FAIT PAPA ?

MARTIN. Tais-toi, bon Dieu, tais-toi – laisse ta mère tranquille ! Laisse-la tranquille ! Laisse-la dormir... Tu n'as pas honte !

DAVID. MAMAN ! MAMAN !

MARTIN. Non – arrête – attends un peu !

DAVID. Maman !

MARTIN. Tu entends ce que je te dis ! Je te donne un autre billet de cinquante couronnes si tu ne dis rien, tu entends ? Si tu te tiens tranquille, je te redonne un billet de cinquante couronnes... Ta mère est malade, elle a besoin qu'on lui fiche la paix... Si tu montes lui raconter des mensonges – sois gentil David... Tiens, regarde, si tu retournes devant ta télé, je te donne cinquante couronnes. Cinquante couronnes, tiens, les voilà, prends. *Il sort les billets de son portefeuille.* Prends-les et retourne t'asseoir... Et puis tu ne diras rien, David...

DAVID. Tu n'as pas honte ?

MARTIN. Ce que je fais n'a aucune importance, mais il ne faut pas que tu racontes quoi que ce soit à maman... Sois gentil, David, prends cet argent. Ne sois pas bête. Tu pourras en faire ce que tu voudras... Tu voulais aller à un concert. Ça devrait suffire, non ?...

DAVID. Ça ne suffit pas.

MARTIN. Ça ne suffit pas ? Qu'est-ce que tu veux dire ? C'est tout ce que j'ai.

DAVID. Ce n'est pas assez, c'est tout.

MARTIN. Pas assez ! Combien tu veux alors ?

DAVID. Comment veux-tu que je sache ? Disons deux cents.

MARTIN. Deux cents, t'es pas fou, non ?

DAVID. Take it or leave it.

MARTIN. Tu es horrible. *Un silence.* C'est vraiment

horrible. Tu ne peux pas te contenter de ce qu'on te donne.

DAVID. Deux cents.

MARTIN. Deux cents couronnes ! Tu sais combien ça fait deux cents couronnes ? Je te donne cent et pas un oere de plus.

DAVID. Deux cents. Et tout de suite.

MARTIN. Je n'arrive pas à croire que c'est vrai. Eh bien alors, il faudra les prendre dans la caisse.

DAVID. Oui. Et dépêche-toi ! Je ne vais pas passer toute la soirée à attendre.

MARTIN. Oh putain ! *Il va chercher l'argent.* Tiens. Prends ça ! Prends cet argent et torche-toi le cul avec. Et épargne-moi ta présence ! Maintenant, tu ne dis rien à maman, tu m'entends. Qu'est-ce que tu vas faire ?

DAVID. Je monte voir maman pour lui dire que tu t'es remis à picoler.

MARTIN. Tu es fou, non ! Arrête ou je te tue ! Menteur ! Je n'ai rien bu ! Reviens, je te dis ! Tu entends ce que je te dis ! Saloperie de merdeux, descends ! *David monte l'escalier en courant.*

MARTIN. Ça c'est trop fort. Qu'est-ce que je vais faire ? Putain de merde, je vais leur montrer, moi ! Je n'ai pas bu. Pas une seule goutte. Ce gosse va foutre le camp d'ici, c'est moi qui vous le dis. *Il court dans son bureau, se met à écrire, change d'avis, compose à toute vitesse un numéro de téléphone.* Allô, c'est toi Lena ? – Ce n'est que moi, Martin. Je passais juste un petit coup de fil pour avoir de vos nouvelles... Allons bon ?... Non, nous cette année on y a échappé... Elin a des ennuis avec ses bronches, sinon c'est le train-train. Vous ne pensez pas venir dans les parages, au début de cet été ? Ah oui, Lena, tant que je t'ai au bout du fil, il y a une petite chose que je voulais te demander... Tu sais que j'ai de grosses traites sur lesquelles je dois payer des intérêts tous les mois... et ce mois-ci il semble qu'il va être absolument impossible de joindre les deux bouts... J'ai demandé un délai, mais ça semble impossible, ils refusent – Alors je me suis dit que je pourrais te demander. Est-ce que tu pourrais me donner un coup de pouce ? Tu sais que je suis toujours correct en affaires, n'est-ce pas ? – Oui, ça chiffre un peu – huit mille – Oui, c'est sûr... – et encore plus quand on ne les a pas. Tu es la seule personne à qui je puisse demander. – Non, je ne pense pas. Il n'y a personne d'autre. *Elin et David descendent.* Qu'est-ce que tu dis ? Je ne sais plus quoi faire.

DAVID. Le voilà.

MARTIN. Ils saisiront ! Purement et simplement. Qu'est-ce que tu dis ? Je n'entends pas ce que tu dis. – Bien sûr que c'est beaucoup ! – C'est pour ça que je t'appelle. Tu ne peux pas demander à Gösta ? Je parle avec Lena – laisse-moi tranquille – Non, c'est Elin qui vient d'entrer... Tu ne vois pas que je suis au téléphone ? Tu attendras. – Oui, allô, c'est encore moi. Alors, qu'est-ce que tu en dis ? – Qu'est-ce que vous avez fait ? – Vous avez encore acheté un cheval de course ? – Mais pour quoi faire ? – Oui, oui, je comprends. Vous ne voyez pas que je suis en train de parler avec ma sœur ? – C'est toi-même qui m'as dit de l'appeler ! – Non, moi, je n'ai rien, absolument rien ! Est-ce que tu peux me passer Gösta ! – Allô ! – Tu es toujours là ?

ELIN *essaie de prendre le téléphone.* Donne-moi le téléphone.

MARTIN. Laisse ce putain de téléphone ! Qu'est-ce que tu viens faire ici ?

ELIN. Laisse-moi lui parler.

MARTIN. Non je te dis... Non, c'est Elin ! Qui traîne par là en robe de chambre... Allô, tu es toujours là ? Oui, allô Lena, est-ce que je pourrais dire un mot à Gösta, Lena ? Veux-tu avoir la gentillesse de demander à Gösta de venir au téléphone ? – Veux-tu simplement être gentille et demander à Gösta de venir jusqu'au téléphone pour que je lui dise deux mots ? – Pourquoi pas ? Quoi ? – Appelle-le – Il est sorti ? Il doit être en train d'étriller son cheval. – Maintenant, sois gentille et va dire à Gösta que je veux lui parler. – Je peux attendre !

ELIN. Laisse-moi lui parler. *Elle essaie de prendre l'appareil.* Donne-moi ce téléphone, Martin.

MARTIN. Non, je te dis. NON ! JAMAIS DE LA VIE ! MONTE TE COUCHER.

DAVID *renverse la chaise sur laquelle Martin est assis, il tombe par terre.* Donne le téléphone à maman ! Et toi, ne bouge pas.

MARTIN. Mais vous êtes fous ! *Il crie.* Lena ! Lena ! Ils me frappent !

ELIN. Oui, salut Lena... C'est Elin... Oui, excuse-moi, tu entends ce qui se passe... Il a repris... C'est foutu...

MARTIN. Non, c'est pas vrai ! Ôte-toi de là, charogne !

DAVID. Tu restes là. Tu ne bouges pas.

ELIN. Non, Lena – Je ne sais pas quoi faire. David est venu me dire qu'il avait sorti une bouteille qu'il avait cachée dans un canard... Oui, dans un canard.

MARTIN. Tu le sais très bien. Tu vas monter te mettre au lit.

ELIN. Non, je ne m'en sors pas.

MARTIN. Monte te coucher et laisse-moi continuer mon travail.

ELIN. Non, il n'y a rien que je puisse faire. – Il ne pourrait pas venir chez vous se reposer quelques semaines ?

MARTIN. Moi, je n'irai nulle part ! C'est vous qui allez partir ! – Lena ! – Donne-moi ce téléphone ! *Il crache sur David. David répond en lui crachant dessus.* Il me crache dessus ! Mon propre fils me crache dessus ! *Il trouve de nouvelles forces, parvient à se dégager, reprend le téléphone. David tombe par terre.* Lena ! C'est moi ! Tout ça c'est des mensonges ! Oui, c'est vrai ! Non, ce n'est pas vrai ! – Pas du tout, je n'ai pas recommencé à boire ! – Qu'est-ce que tu veux dire par là ? Tu la crois plus, elle, que ton propre frère ! – Ah bon, c'est comme ça que tu me parles maintenant ! – Laisse-moi dire un mot à Gösta ! – Si, il le veut ! – Je veux l'entendre de lui-même ! Bordel de merde, mais non ! Qu'est-ce que j'irais foutre chez vous ? – Hein ? Non, je te dis ! Non, non et encore non ! – Lena – Si tu as des chaussures et de quoi t'habiller, c'est grâce à moi... non, maintenant tu vas m'écouter – m'écouter – je te dis, m'écouter – Va chercher Gösta – Non, je te dis – je n'irai nulle part ! Quoi ? – qu'est-ce que tu dis ? Quoi ? Non, je n'en ai absolument pas besoin ! Ce qu'il me faut, c'est du calme et de la tranquillité – Ah oui, c'est ça ! Alors va au diable ! Je ne te pardonnerai jamais ! Jamais ! Tu m'entends ! Jamais ! Garde tes grands airs avec tes diplômes à la con et cette couille molle qui te sert de mari – sans moi, tu ne serais jamais arrivée à rien – Lena ! Lena ! Tu as raccroché... Lena ?

DAVID. Regarde ce qu'il y avait dans le canard.

MARTIN. Il n'y avait rien du tout. C'est du bidon ! Tous les canards ont une bouteille dans le cul, sans cela ils ne pourraient pas marcher. Maintenant, tu as dressé ma propre sœur contre moi. Alors, ça suffit, tu comprends ! C'est fini. Vous allez tous foutre le camp d'ici !

ELIN. Ne crie pas.

MARTIN. Je crie autant que je veux dans ma propre cuisine. *Il va ouvrir les fenêtres.* VOUS ENTENDEZ ! JE CRIE AUTANT QUE JE VEUX DANS MA PROPRE CUISINE ! Monte te coucher, sinon je vais me pendre au porte-drapeau. Foutez le camp, je vous dis. *Il court prendre un couteau.* J'appelle la police. *Il se met à les poursuivre. Ils crient.* Maintenant, vous avez peur, bande de lâches. Attendez un peu ! J'en ai ras-le-bol ! Faites bien gaffe ! *On entend, dehors, une voiture qui freine et des pneus qui hurlent. Martin jette le couteau dans l'eau de l'évier. Il sifflote et se met à se curer les ongles.* Tâchez de vous calmer. Écoute, Elin, tu ne voulais pas prendre un bain ? Je crois que je vais descendre voir si c'est éteint dans les toilettes. Le voilà lui aussi, ce cochon. Salut. Georg.

Georg entre.

MARTIN. Déjà de retour ? Tu as oublié les capotes ?

ELIN. David l'a surpris. Il avait caché une bouteille dans un canard.

MARTIN. Ce n'est pas vrai.

GEORG. Que veux-tu que j'y fasse ?

ELIN. Il ne faut pas que tu repartes.

GEORG. Cela ne me concerne plus. Je déménage en ville.

ELIN. Et moi, qu'est-ce que je fais ?

GEORG. Je n'en sais rien.

ELIN. Il faut le monter là-haut.

GEORG. Va-t'en d'ici, toi aussi.

MARTIN. Vous ne me monterez nulle part. Je n'ai pas l'intention d'aller me coucher. Je dois mettre de l'ordre dans mes papiers.

ELIN. Tu ne boiras plus une goutte tant que je serai ici. Demain, tu pourras faire ce que tu voudras.

MARTIN. Si vous me touchez, j'appelle la police.

ELIN. Eh bien, appelle-la. Autant qu'ils t'enferment.

MARTIN. Qu'est-ce que tu dis ?

ELIN. Je dis qu'il vaudrait mieux t'interner à l'hôpital, une bonne fois pour toutes.

MARTIN. Tu es malade, espèce de folle, putain névrosée ! Si quelqu'un doit être interné ici, c'est toi.

ELIN. Appelle la police, David.

DAVID. Qu'est-ce que je leur dis ?

ELIN. Dis-leur qu'ils viennent le chercher, dis-leur que nous avons un client dangereux.

DAVID. C'est quel numéro ?

ELIN. Le numéro est au-dessus du téléphone dans son bureau.

MARTIN. Ose faire ça. Osez donc faire ça.

GEORG. Fais-le David. Va téléphoner.

DAVID. Est-ce qu'il faut que je le fasse ? Maman ? C'est sérieux ?

ELIN. Oui, c'est sérieux. Sinon, je ne vais pas oser passer la nuit ici.

DAVID. Tu parles vraiment sérieusement ?

ELIN. Oui.

MARTIN. Mon cul, que tu vas faire ça. *Il se penche en avant et écrase sa cigarette sur la joue d'Elin. Les fils se lèvent avec un frisson d'horreur, des chaises tombent.*

GEORG. Non – oh non –

Elin crie.

MARTIN. Ne me touchez pas ! Cette fois j'en ai assez !

ELIN. Non – tuez-le, tuez-le !

DAVID. Je n'ai jamais rien vu d'aussi horrible. *Un silence.* Jamais rien vu d'aussi horrible.

GEORG. Tu vas voir maintenant. Tu vas voir maintenant.

MARTIN. Toi, fais gaffe – *Il s'empare d'une chaise, la soulève et veut tuer Elin avec.* Sainte Nitouche de connasse je vais te tuer, je vais te le faire cracher ton venin... vous entendez ! Le maître ici, c'est moi et maintenant, c'est terminé, vous m'entendez, c'est terminé ! *Il veut la frapper mais un des pieds de la chaise accroche le lustre en cristal qui tombe. Obscurité. Cris.*

Rideau

ÉPILOGUE

Il est deux heures trente du matin. David descend dans la cuisine. Martin est à quatre pattes, en train de balayer le carrelage avec une brosse à dents. À la place de l'évier, on voit maintenant la Buick 1956 de Georg, rutilante de blancheur.

DAVID. Qu'est-ce que tu fais ? *Il sort un revolver.* Ça, maman pourra le faire demain. Maintenant, lève-toi. Maintenant, c'est la fin.

MARTIN. Je n'ai pas le temps de finir.

DAVID. Monte dans la voiture, assieds-toi sur le siège avant. On part.

MARTIN. Où ?

DAVID. D'ici – va t'asseoir là.

MARTIN *se lève.* Tu sais bien qu'il ne veut pas que tu touches à ses affaires.

DAVID. Juste une fois.

MARTIN. Comme c'est bizarre.

DAVID. Assieds-toi à l'avant – avant de mourir du démon de midi.

MARTIN. Oui, aucun risque que ça t'arrive à toi.

DAVID. Quoi ?

MARTIN, *avec un rire stupide.* Mourir du démon de midi. Mais je ne sais pas conduire. Qui va conduire ?

DAVID. Toi.

MARTIN. Tu ne crois quand même pas que j'ai peur de toi. Moi aussi, j'ai un revolver. *Il le sort.* Tu ne t'y attendais pas, hein ? Eh bien, allons-y, maintenant.

DAVID. Oui, j'arrive. *Il le tue d'un coup de revolver.* En route. Ce n'était pas difficile. C'était facile. *Il ferme la portière, reste sans bouger. Martin est sans vie dans la voiture, son revolver à la main.*

Au mur, la pendule indique le passage du temps depuis 1956, 1960, 1963, etc.... pour finir elle s'arrête à 1980. David, âgé de 24 ans de plus, avance jusqu'à la voiture, il regarde à travers les vitres, ouvre la portière. Martin, parfaitement conservé s'affaisse alors mollement et il appuie en même temps sur la gâchette. Le coup de feu part avec une petite flamme. David porte les mains à son ventre et tombe.

Rideau

QUATRIÈME ACTE
(21.30 – 02.00)

La cuisine. Peut-être différente, avec une fenêtre plus petite ou bien sans aucune fenêtre. Une ampoule dénudée pend du plafond. La table a été déplacée. Lumière froide. Il y a des cristaux répandus partout, comme de longues larmes, sur l'évier, sur la table, par terre, etc. Elin va ici et là et les ramasse. David revient de la salle de billard, il a enclenché « Moonlight Serenade », qui s'achèvera pendant les premières répliques. Georg est à côté de l'évier, devant Martin – toujours tremblant, prêt à frapper de nouveau. Martin est à genoux devant Georg, il geint. Battu, ensanglanté.

MARTIN. Il m'a donné un coup de pied là –
DAVID. Où ?
MARTIN. DANS LES COUILLES ! Ouille, ouille, ouille, ouille, ouille !
DAVID. De toute façon, tu ne voulais plus d'enfants !
MARTIN. Ah, ça je te garantis que je n'en veux plus ! Oh ! Ce que ça fait mal, impossible de dire comme ça fait mal. J'ai quelque chose de cassé.
DAVID. Quoi ?
MARTIN. J'ai quelque chose de cassé, je te dis !
DAVID. Où ?
MARTIN. Ça ne te regarde pas ! *Un silence.* Éteins la lumière, je n'y vois plus rien. *Un silence.* Elin. *Un silence.* Est-ce que quelqu'un pourrait avoir la gentillesse d'éteindre la lampe... J'ai la lumière en plein dans les yeux. Je ne vois plus rien, je vous dis. Je n'arrive pas à me relever.
ELIN. Tu ne peux pas te relever.
MARTIN. Non, je ne peux pas. Précisément, je ne peux pas me lever.

DAVID. Qu'est-ce que tu veux voir ?
GEORG. Qu'est-ce que tu veux voir ?
MARTIN. Je ne te parle pas à toi. Toi je ne te vois pas.
GEORG. Je te demande : qu'est-ce que tu veux voir ?
MARTIN. Tue-moi, vas-y... Mais pourrais-tu juste aller éclairer la lampe au-dessus de la cuisinière ? *Un silence.* Cette lumière-là n'est-elle pas inutile ?
ELIN. Relève-toi... Ne reste pas là à trembler.
MARTIN. Je ne peux pas, je te dis – pourquoi crois-tu que je reste allongé comme ça ! Regarde-le ! Regarde ton fils ! C'est tout ce que tu as appris au service militaire – comment donner des coups de pied à son propre père ? Hein ?... Comment donner des coups de pied aux gens entre les jambes – C'est ce genre de truc qu'on t'a appris ? *Pouffe.* C'est ça que tu as appris ?
GEORG. Attends un peu. Je vais te montrer, moi, ce qu'on nous a appris.
MARTIN, *avec bonheur.* Oui, montre-moi ça, mon petit gars, montre-moi ça. *Il rit très fort, puis il se racle la gorge.* Seulement, à moi, tu ne peux rien m'apprendre, mets-toi bien ça dans ta caboche.
GEORG. Ta gueule.
MARTIN. Pardon ?
GEORG. Ta gueule.
MARTIN. NON, TU NE ME FERAS PAS FERMER MA GUEULE ! QUE CE SOIT BIEN CLAIR POUR TOI ! ESPÈCE DE SALE PORC – Ah, je voudrais bien te voir sauter en parachute, ça serait quelque chose ! *Il hurle d'enthousiasme.* Je voudrais te voir tomber lentement en parachute – comme un soufflé quand on ouvre le four trop tôt – ha ha ha ! – d'ailleurs, c'est de ça que tu as l'air, ha ha ha ! *Il se racle de nouveau la gorge.* On devrait peut-être se calmer un peu. Il n'y a pas un bal, ce soir ?

GEORG. Qu'est-ce que tu as dit ? *Un silence.* Qu'est-ce que tu as dit ? Qu'est-ce que tu viens de dire ?

MARTIN. M'en souviens plus.

GEORG. Qu'est-ce que tu as dit ?

MARTIN. Je dis ce que je veux.

GEORG *lui donne un coup de pied.* Non justement.

MARTIN. Je ne dis pas ce que je veux ?

GEORG *lui donne des coups de pied.* Non, non et non.

MARTIN. Tu peux me tuer à coups de pied si tu en as envie. Je m'en fous. *Un silence.* De toute façon, tu n'as rien... Rien... tu n'es rien... Tu n'as rien, pas de pschitt, pas de distinction, pas d'élégance, pas de tenue, pas d'éducation... rien. Tu n'es qu'un morceau de lard à poils ras qu'il faut lessiver comme un plancher. Tu comprends ? *Georg le frappe.*

ELIN. Arrête, Georg. Ça suffit. Arrête maintenant.

MARTIN. Qu'est-ce que tu fais ? Laisse tomber. Regardez-la.

GEORG. Comment va ta joue, maman ? Tu as mal ?

MARTIN. Moi, j'ai mal. Je ne sens même plus rien tellement j'ai mal. Donnez-lui un coup de main, au lieu de rester plantés là, comme des imbéciles.

DAVID. Tu l'as fait retomber droit sur elle, hein ?

MARTIN. J'ai fait quoi ?

DAVID. Elle est retombée en plein sur maman.

MARTIN. Pas du tout. C'est n'importe quoi. La chaise est tombée toute seule. De son propre poids.

DAVID. Elle pourrait être morte.

MARTIN. Elle est morte depuis longtemps. Vous ne le voyez pas ? Vous n'avez pas vu ce qu'elle m'a fait à moi ? Elle voulait me faire interner de force... et ça, ça vous l'acceptez ! Trois contre un.

DAVID. Sérieusement, elle pourrait être morte.

MARTIN. Sérieusement, elle pourrait être morte... Et ce serait de sa faute.

DAVID. Elle ne t'a pas touché.

GEORG. Maman, qu'est-ce qu'il y a, maman ? Tu pleures ?

MARTIN. Elle n'a aucune raison de pleurer. Mais moi si.

GEORG. Maman, est-ce que tu veux que je le tue ? *Un silence.* Dis-moi, tu n'as qu'à le dire. Ce n'est pas un problème. *Un silence.* Maman, je...

ELIN, *parlant du lustre en cristal.* C'était tout ce qui me restait.

MARTIN. Et moi, qu'est-ce qui me reste à moi ? Tu peux me le dire ? Qu'est-ce qui me reste ? *Georg lui donne un coup de pied.* Quelqu'un qui me donne des coups de pied... Voilà ce qui me reste... Oh, mon Dieu... Je ne peux pas croire que c'est vrai... Je dois rêver. Tout ça est un rêve, un affreux cauchemar.

Georg le prend, le soulève et le jette sur la chaise. Martin crie.

MARTIN. Non, non, non, non, ne me frappe pas ! Maman ! Maman !

ELIN. Ferme la fenêtre, David.

MARTIN. Non, ouvre-la – je veux que tout le monde entende comment vous me traitez ! Appelez la police !

DAVID, *à Elin.* Tu veux que je t'aide ?

MARTIN. Tu aurais dû y penser plus tôt. *Il veut allumer une cigarette.*

GEORG. Qui t'a dit que tu pouvais fumer ? *Il lui prend la cigarette, la réduit en miettes qu'il répand sur lui.* Ta dernière cigarette, tu l'as fumée. *Martin veut se lever, Georg le force à se rasseoir.* Tu n'iras nulle part. Tu vas rester là, bien gentiment, bien tranquillement. Bien gentiment. Bien tranquillement.

David va chercher l'aspirateur. Elin le prend.

GEORG. Tout ça, c'était la dernière fois.

MARTIN. Pas du tout. *Elin commence à passer l'aspirateur.* Regarde-la, en train de se démener au beau milieu de la nuit pour passer l'aspirateur en robe de chambre – je me demande qui, dans la famille, est mûr pour l'asile d'aliénés !

DAVID. Tu sais quelle valeur il avait ?

MARTIN. Non et toi, tu le sais ? Connais-tu la valeur de quoi que ce soit ?

DAVID. Je sais que toi, tu ne vaux rien.

MARTIN, *grave.* Alors, moi, mon petit David, je vais te dire une chose... Écoute-moi car ce que je vais te dire est la vérité, tu es aujourd'hui assez grand pour l'entendre... Écoute-moi bien maintenant... Prends garde à cette femme qui est ta mère... Elle est dangereuse, tu comprends... Il est possible que je boive... C'est possible... Seulement, moi, je ne suis pas un traître... je ne mens pas, moi. Je suis peut-être un mauvais père, mais moi je t'aime... Elle, non... Elle, elle est dure, c'est l'être le plus dur que j'aie jamais rencontré... Ne t'imagine pas qu'elle... Non je n'en dirai pas davantage... *Un silence.* Maintenant je ne dis plus un mot. *Un silence.* Si je bois, c'est pour devenir sobre. Car elle, elle ne sait que me mépriser.

ELIN. Ôte-toi de là.

MARTIN. Ôte-toi de là toi-même, vieille garce.

ELIN. Si je suis une vieille garce, qu'est-ce que tu es, toi ?

MARTIN. Nous deux, nous n'avons plus rien à nous dire.

GEORG. Ôte-toi de là, je te dis.

MARTIN *soulève ses jambes.* C'est ridicule. Vous ne voulez pas non plus que je fasse des claquettes ? Ou que je chante ?

GEORG. C'est ça, chante. *Martin se met à chanter « Partons en mer ». Georg le frappe. Martin continue à chanter.* Il est fou. Cette fois, il est devenu complètement fou. Regarde-le, maman.

ELIN. Arrête, Martin. *Martin chante.* ARRÊTE JE TE DIS ! *Georg lui serre la gorge jusqu'à ce qu'il se taise. Martin sourit.* Pourquoi souris-tu ? *Martin sourit.* Tu peux me dire ce qui te fait sourire ? J'aimerais bien sourire moi aussi. *Martin sourit.* Beuh ! Beurk ! Beurk ! *Silence.* Beurk ! *Un silence.* Martin – si tu pouvais te voir ! Si tu pouvais voir l'air que tu as... c'est tellement... Martin... c'est répugnant... Vraiment, Martin, je ne t'aime pas, mais pas du tout... Je ne t'aime pas... Ce n'est pas la peine. *Georg étale du beurre sur le visage de Martin. Elin prend un torchon et l'essuie.* Qu'allons-nous faire ?

MARTIN. Montez vous coucher... comme des gens normaux.

GEORG. Maintenant, tu comprends quand même que tu ne peux pas rester ici. *Un silence.* Tu ne veux quand même pas rester ici ?

DAVID. Il vaudrait mieux que ce soit lui qui déménage – il a si peu d'affaires, rien, juste quelques bouteilles.

GEORG. Maman...

ELIN. Où vas-tu ?

DAVID. Juste pisser.

MARTIN. Quel langage – quel vocabulaire.

GEORG. Regarde-moi ce ringard. Tu ne vois pas qu'il est bon pour la casse. Tu ne comprends pas qu'il ne changera jamais... Regarde-le, regarde ses yeux... Qu'il aille au diable – qu'est-ce qu'on en a à foutre ? *Un silence.* Je parle sérieusement, maman – cette fois, si tu restes encore avec lui, eh bien moi, je prends direct la porte et tu ne me reverras plus... Il pourra alors te tuer... Moi, je ne peux rien faire de plus... Rien de plus... J'ai grandi dans la compagnie de ce salaud et jamais je n'ai osé demander à un copain ou à une fille de venir à la maison, parce qu'on n'était jamais sûr de ne pas voir arriver ce pédé, rampant comme une limace, et quand il était là, c'était la honte... Maman... Tu comprends ?

MARTIN. Ça te va bien de dire ça, toi qui tues tout ce qui vit autour de toi.

GEORG. Plus rien ne vit ici.

MARTIN. Va donc regarder dans ta voiture – c'est plein de petits oiseaux massacrés qui ne t'ont rien fait ! Y a-t-il une seule chose dont tu assumes la responsabilité ? *Un silence.*

GEORG. Maman, je ne veux pas que tu restes ici.

ELIN. Que veux-tu que je te dise ?

GEORG. Est-ce que tu veux rester ici ou non ?

ELIN. Non... non... Bien sûr que non.

GEORG. Regarde-le. As-tu jamais rien vu d'aussi pitoyable ?

DAVID *redescend, il a revêtu la veste du smoking de Martin et mis son écharpe de soie.* Maintenant, le maître de la maison, c'est moi.

MARTIN. Enlève ça ! C'est à moi.

DAVID. Plus maintenant. C'est à moi.

MARTIN. Mon père me l'a donné pour ma première communion !

DAVID. Un smoking ? Je ne te crois pas.

MARTIN. Oui, mon smoking ! Non, mon complet noir... au temps pour toi. Ça t'étonne ? C'est mon complet noir. Qu'est-ce que tu as fait du pantalon ! Donne-moi le pantalon !

DAVID. Je veux voir les six jours.

MARTIN. Pas dans mon complet noir !

DAVID. Maman, ça vient juste de commencer. Les six jours.

MARTIN. Va regarder si tu veux. Tu as besoin d'un peu de détente.
ELIN. Ne pourrait-on pas essayer de le mettre au lit.
MARTIN. Tuez-moi pour que je puisse aller me coucher.
ELIN. À quoi bon ?
DAVID. D'un autre côté, on peut rester là jusqu'à ce qu'on aille se coucher.
MARTIN. Ah bon – Eh bien vous pouvez rester ici toute la nuit. Personnellement je n'y vois pas d'inconvénient. Ce ne sera pas la première fois que je resterai éveillé un jour et une nuit entière. Je ne sais pas combien de fois j'ai fait le quart quand on allait en conquois pour Murmansk. On verra bien qui craquera le premier.
GEORG. En conquois ?
MARTIN. En conquois, oui – tu sais ce que c'est ? C'est des choses dont tu ne comprendras jamais le sens... Si je voulais, je pourrais te raconter de ces choses que tu n'es même pas digne d'entendre, si je voulais... Seulement, pourquoi est-ce que je le voudrais ?... Avez-vous la moindre idée de ce que signifie « aller en convoi » ?
GEORG. En conquois, on dit en conquois.
MARTIN. Un conquois ? Qu'est-ce que c'est ?
GEORG. Des conquois, tu en as bien vu, non ? Tu n'as jamais vu un conquois ?
MARTIN. Un conquois, non.
GEORG. Les conquois pour Murmansk ?
MARTIN. Bon sang, de quoi parles-tu ? Des conquois ! On dit un convoi ! D'ailleurs, toi, tu ne sais même pas où c'est Murmansk ! Là, tu vois ! Et tu sais peut-être ce que ça donne quand l'eau de l'océan arctique fait moins trente degrés et qu'elle ne gèle même pas ? Tu sais ce que ça fait quand la tempête souffle les bris de glace de la banquise à moins

soixante et que ça te tranche les vêtements les plus épais comme une lame de rasoir et qu'on rampe sur le pont, le visage tailladé par les morceaux de glace, comme si on était aveugle et daltonien – tu sais ce que c'est, toi ! Quand il y a plus de quinze cents tonnes de glace sur le pont –

GEORG. Combien ?

MARTIN. Quinze cents tonnes ! Et quand il fait si froid, que même une pile de lampe électrique s'éteint et que le vent vous arrache les bottes aux pieds... As-tu la moindre idée de ce que c'est que de marcher jour après jour sans jamais dormir et pendant des semaines ne pouvoir dormir que dix ou vingt minutes sur vingt-quatre heures, et ne jamais manger de repas chaud, mais rien que des conserves de viande, jour après jour et que tout est humide, sale et gluant ? Avec des vagues hautes comme des immeubles et on prie Dieu pour que ce soit la dernière, que tout soit fini, qu'on s'en aille par le fond pour enfin dormir tout son saoul... Tu sais ce que c'est ? Non, tu ne le sais pas, tu ne sais rien... Mais moi j'ai vu de grands cargos sombrer avec l'équipage et tout le bazar, j'ai vu notre navire passer à travers les restes d'un navire en feu pour que le remous des vagues que nous faisions assomment les survivants et les achèvent pour qu'ils ne meurent pas de froid parce qu'on n'avait pas le temps de les ramasser. J'étais là quand on tirait à bord des garçons qui n'étaient pas plus âgés que toi, David, et qui avaient les poumons remplis de mazout. Mais ça, ces sales putes, elles ne le comprennent pas... je ne vous dis que ça. Je n'ai jamais accepté cet approfondissement avec la femme, les femmes... Je ne l'ai jamais accepté depuis que j'avais 1922... j'étais tellement con que je lui ai dit. Je n'ai jamais couché avec une femme... Je n'aime pas ça, coucher avec une femme. Jamais je n'ai aimé ça. Même Sven qui m'a dit comment peux-tu y arriver ?... Alors, j'ai couché et après je suis parti en pleurant dans mon uniforme de la marine... Et puis cette sorcière est revenue me demander pardon... Mais c'était trop tard... Non mais bordel de merde, vous n'allez pas... Tu te souviens de Sven, Elin ?

DAVID. Maman, je peux regarder les six jours ?

MARTIN. Depuis quatre ans, je me lève à six heures et demie, je vais te réveiller, ensuite je descends préparer ton café et tes deux œufs et je dispose tout bien comme il faut sur la table avec, en plus, deux cigarettes que je pose à côté du plat – et après je dois encore remonter pour te dire qu'il faut que tu te dépêches si tu ne veux pas rater ton car et toi, tu es assis dans ton lit et tu somnoles et je dois te secouer pour te réveiller, et après tu descends grincheux et renfrogné comme d'habitude et tu manges tes foutus œufs, tu bois ton café, tu prends les cigarettes et l'argent et tu t'en vas sans même dire au revoir, seulement au lieu de prendre le car, tu fais le tour de la maison et tu reviens par la grande entrée et tu te caches dans les toilettes pour hommes... Et si ton professeur n'avait pas téléphoné pour me demander pourquoi ils ne te voyaient plus à l'école, on n'aurait jamais rien su de ce que tu fabriquais ! Tu n'as pas honte ? *Un silence.* Tu n'as pas honte, David ? De laisser ton vieux père se lever aux aurores pour préparer ton petit déjeuner... tandis que toi, toi, tu te fous de lui... Mais cette fois-ci, nom de dieu, c'est fini, bien fini ! Tu n'es plus mon fils. Mon fils, c'est celui qui est vivant et ton fils c'est celui qui est mort... Le bon fils fait la joie de son père et le mauvais fils, le chagrin de sa mère... Donne donc ton fils, qu'on le mange... Tu entends Elin, je connais ma Bible aussi bien que toi. Je ne t'ai jamais vue aussi ragaillardie depuis des mois. Tu as même des couleurs au visage.

ELIN. Ce doit être les bleus.

MARTIN. Ah oui, tu peux plaisanter... Oh regardez, voilà Gustafsson ! *Ils se retournent, Martin se lève et s'enfuit.*

GEORG. Il s'échappe ! David, rattrape-le !

MARTIN *s'enferme dans son bureau.* Ha, ha, bande de salauds, qu'est-ce que vous dites de ça ? C'est bien fait pour vous ! *Il fait des grimaces.*

ELIN *a ouvert l'aspirateur pour en retirer les cristaux. Elle découvre la bouteille.* Regardez !

GEORG. Qu'est-ce qu'il y a ?

ELIN. Qu'est-ce que c'est ? *Martin fait des grimaces.*

GEORG. À quoi joues-tu ? Au capitaine Hornblower ?

DAVID. Non, il ressemble plutôt à l'évêque Helander. *Il crie.* Tu ressembles au capitaine Queeg.

MARTIN. Quoi ? *Il enlève sa veste et allume une cigarette, Elin se met à faire la vaisselle. Martin crie.* La vaisselle, je l'ai déjà faite. Alors arrête ça ! Quelle connerie ! Tu es bourrée, ou quoi ?

GEORG. Tu veux que je casse la vitre ? On peut couper le courant, qu'il reste dans le noir à compter ses coupons.

DAVID. Et moi, je ne pourrai pas voir les six jours, s'il faut qu'il compte ses coupons.

ELIN. Le mieux serait de lui donner quelques cachets et de le mettre au lit.

GEORG. Quelques cachets seulement ?

ELIN. J'ai le double de la clef.

GEORG. Il s'en rendra compte.

ELIN. Pas si David le distrait. Je pourrais ouvrir.

DAVID. Qu'est-ce que je dois faire ?

ELIN. Va parler avec lui sur le devant. Essaie de détourner son attention, moi, je reste ici, près de la table.
DAVID. Qu'est-ce que je dois lui dire ?
ELIN. N'importe quoi. Quelque chose de gentil.
DAVID. Je ne peux pas.
ELIN. Mais si tu peux.
DAVID. Papa... tu m'entends ?... Eh papa ?
MARTIN. Oui, qu'est-ce que tu veux ?
DAVID. S'il te plaît, papa....
MARTIN. Oui, qu'est-ce qu'il y a, je te dis de me laisser tranquille. Tu ne vois pas que je suis dans mon bureau.
DAVID. Papa... écoute-moi. Tu n'entends pas ce que je dis ?
MARTIN. Non, je n'entends rien. Va-t'en.
DAVID. Allez, sois gentil...
MARTIN. Non, j'en ai marre d'être gentil.
DAVID. Oui, je sais.
MARTIN. Non, tu ne sais rien du tout, regarde ton frère, regarde-le ! *Il fait des grimaces à Georg.* Méfie-toi de lui, tu sais ce qu'elle dit la Bible : « Déjà dans les entrailles de sa mère, il a saisi son frère par le talon » !
DAVID. Tu ne voudrais pas essayer d'aller te coucher ? Il est bientôt minuit. Tu as besoin de calme, toi aussi... Si tu vas te coucher, tout ira mieux... Tu travailles beaucoup trop... Monte te coucher et repose-toi, nous parlerons ensuite, demain matin, nous parlerons tous les quatre... Nous aussi, nous voulons aller nous coucher... Personne ne te veut du mal. Tu le comprends, n'est-ce pas ?... Maintenant, tout va bien... nous sommes seulement inquiets.
MARTIN. Vous n'avez pas besoin de vous inquiéter.
DAVID. On ne peut pas s'empêcher de s'inquiéter... Moi, en tout cas, je suis inquiet. Et si tu restes là et

que tu t'endors en fumant et que tu laisses tomber ta cigarette dans la corbeille à papier, comme l'autre fois. Et après vous allez encore vous battre.

MARTIN. Je ne dirai plus un seul mot.

DAVID. Papa, s'il te plaît... *Un silence.* Tu le sais bien que je t'aime... Tu ne le sais pas ?

MARTIN. Non, personne ne m'aime.

DAVID. Si.

MARTIN. Pas ta mère en tout cas. Elle ne m'a jamais aimé.

DAVID. Mais moi je t'aime. Tu le sais, non ?

MARTIN. Non... Non... Non...

DAVID. Mais si, papa, je t'aime... sûr. Pourquoi je dirais ça, si ce n'était pas vrai ?

MARTIN. Non... *Il se met à pleurer.* Vous me haïssez tous... Vous restez, tous là, à me surveiller... Personne ne se soucie de moi.

DAVID. Non, papa, ce n'est pas vrai... ce n'est pas vrai... Pourquoi ferait-on tout ça ? Si c'était ça on t'aurait laissé tomber. Maman serait partie depuis longtemps, mais elle ne part pas... Elle est là... Sors la prendre dans tes bras et demain vous reparlerez de tout.

MARTIN. Non... non.

DAVID. Mais papa, j'ai besoin de toi.

MARTIN *pleure à chaudes larmes.* Non... non... David... ne dis pas ça... ne dis pas ça... mon petit David... mon petit garçon... *David fait une grimace en direction d'Elin.* Tu pleures, David... non, mon petit bonhomme...

DAVID. Ce n'est pas si grave... Et maintenant tu pourrais sortir ? Ça va mieux maintenant.

MARTIN. Ça va mieux ?

DAVID. Oui, oui, elle veut que tu sortes.

MARTIN. Bon, bon, alors je vais sortir... mais tous ces

papiers, quand est-ce que j'aurai le temps de m'en occuper ? *Georg et Elin ont ouvert la porte.*

ELIN. Viens – tu vas te coucher !

Ils le forcent à sortir, à monter l'escalier, ils le forcent à prendre les cachets dans la chambre à coucher, ils le maintiennent, lui crie qu'il va mourir et qu'ils sont en train de le tuer. David reste dans la cuisine, il ouvre grand la radio, parcourt les stations, cherche des nouvelles de Chessman, il entend qu'on lui dit quelque chose en suédois, puis la voix disparaît – bruissements, craquements, musique signaux et appels – il augmente le volume du son et soudain il entend une voix de femme qui chuchote son nom : « David... David ». *Il augmente encore le son. Il a peur. Cela disparaît.*

GEORG. C'est bon, il dort.

ELIN. Je me demande combien de cachets je lui ai donné. *Un silence.* Du dormidon. *Elle se verse un café.*

DAVID. Moi aussi, j'en veux. *Il prend du café.* Je peux aller voir les six jours, maintenant ?

GEORG. Quelques crétins qui pédalent un tour après l'autre, les fesses pleines de beurre.

DAVID. C'est passionnant.

GEORG. Je voudrais bien savoir ce qu'il y a de passionnant là-dedans ?

DAVID. Des trucs que tu ne peux pas comprendre et que je ne peux pas t'expliquer. On va à Malmö demain ?

ELIN. Il faudra voir comment il est.

DAVID. Il faudra tout fouiller encore une fois.

ELIN. Tais-toi.

DAVID. Tu ne réponds jamais quand je te pose des questions... C'est comme si elles s'envolaient par la fenêtre.

ELIN. Oui, ferme-la, tu seras gentil.

GEORG. Est-ce qu'il est vraiment parti en convoi ?

ELIN. Je crois qu'il a été cuisinier à bord d'un bateau qui allait à Liverpool. Je ne crois pas qu'on puisse appeler ça un convoi. C'est plutôt ce qui s'appelle avoir de l'imagination. Non, David, c'est beaucoup trop tard. On va aller se coucher, Georg, tu restes là n'est-ce pas ?

GEORG. Oui, mais demain, je fiche le camp.

ELIN. Venez les garçons. *Elle éteint.*

Ils sortent, au bout d'un moment, tandis qu'Elin est dans la chambre à coucher, Georg commence à jouer du saxophone, Elin enlève à Martin ses chaussures et son pantalon, elle ouvre sa chemise, l'arrange, enlève tous les ciseaux et tous les objets tranchants ou pointus. Puis, elle se déshabille, pose ses vêtements comme si elle n'avait l'intention de ne dormir qu'un tout petit peu, elle se lave, s'allonge sur le lit, fume une dernière cigarette, éteint, tousse. Soudain, après un ronflement, Martin se réveille, il s'assied sur son séant, frissonne, commence à fouiller la pièce sans faire de bruit, il cherche dans son sac sous ses pieds etc. pour essayer de trouver les clefs de la cave – il soulève avec précaution la tête d'Elin et son oreiller et passe sa main dessous.

ELIN *se réveille, éclaire la lampe.* Qu'est-ce que tu fais ?

MARTIN. Mes cigarettes.

ELIN. Couche-toi immédiatement.

MARTIN. Où sont mes cigarettes ? J'ai si soif.

ELIN. Tes cigarettes n'ont rien à faire sous mon oreiller. Regarde sur ta table et couche-toi.

MARTIN *va s'asseoir.* Non. Je les veux. Elles sont à moi. Tu comprends ? Je les veux.

ELIN. Qu'est-ce que tu veux ?

MARTIN *hurle.* Je veux mes clefs... Ce sont mes clefs à moi. Je les veux.

ELIN. Si tu ne te couches pas tout de suite et si tu ne la fermes pas, je vais chercher Georg. Maintenant, j'éteins.

Martin fait du bruit dans le noir comme s'il pleurait, David entre, il veut s'asseoir au bord du lit, il cherche une protection.

ELIN. Dors, Martin... Je n'ai plus la force de t'écouter... Je dois dormir, moi aussi. *Un silence.* Couche-toi dans ton lit. Sois gentil Martin... arrête... Qu'est-ce qu'il y a ?... Pourquoi restes-tu là ? *Elle touche le visage de David, dans le noir.* Qu'est-ce que tu veux ? *Un silence.* Tu veux dormir avec moi ? Mais dis quelque chose... Mon Dieu, couche-toi qu'on puisse enfin dormir... Tu me rends folle... Je vais bientôt être obligée de me lever... Tu n'es qu'un gosse. *Elle allume. David est assis sur son lit, il tient sa main, Martin est couché, il ronfle la bouche ouverte.* Qu'est-ce que tu veux ?

DAVID. Je ne sais pas.

ELIN. Quelle heure est-il ?... Pourquoi tu ne dors pas ?

DAVID. Je voulais seulement te dire bonne nuit. Lui n'a pas de problèmes pour dormir.

ELIN. Tu viens me réveiller au milieu de la nuit pour me dire bonne nuit !

DAVID. Eh bien oui. Regarde-le. *Il pose quelques plumes de pigeon ou du duvet sur la bouche de Martin. Elles se soulèvent et le chatouillent.* Papa, réveille-toi, papa – nous partons pour Copenhague.

ELIN. Ah non merde, ne le réveille pas.

DAVID. Regarde-le. Regarde-le une seule fois. S'il te plaît.

ELIN. Je ne trouve pas cela drôle.

DAVID. Tu ne trouves pas ?

ELIN. Pas pour moi.
DAVID. Pourquoi pas ?
ELIN. Oh la la, je vais bientôt devoir me lever. Il faut que je dorme. Va te coucher. *Elle éteint.*
DAVID. Pourquoi ?
ELIN. Bonne nuit, David.
DAVID. Quoi ?
ELIN. Bonne nuit, David.
DAVID. Bonne nuit ?
ELIN. Oui.
DAVID. Bien sûr, bonne nuit, bonne nuit. *Un silence.* Je ne bois pas... je t'aime. J'ai besoin de toi... Tu ne dois jamais me quitter. *Il imite Martin.* Elin, ma petite chérie, qu'est-ce que je vais faire si tu me quittes, tu le sais ce que je ferai – je traverserai directement la cour et j'irai me pendre au porte-drapeau, tu entends ça... Elin, Elin, ma petite Elin chérie – tu te souviens les promesses que nous nous sommes faites, regarde la photo, là-bas sur la commode... c'est toi Elin et c'est moi, enfin il y a au moins moi *(Elin rallume – David a pris Martin sur son genou, comme une poupée de ventriloque, il soulève sa main et le fait se gratter l'oreille de son petit doigt gauche)* qui suis là, dans l'église en train de te promettre que je t'aimerai jusqu'à ce que la mort nous sépare... Non, non, non ne compare pas nos mains... Tu ne sais pas ce que ça veut dire ? Cela signifie la mort... L'un de nous deux va mourir.
ELIN. Couche-le.
DAVID. Non.
ELIN. Va dans ta chambre.
DAVID. Non.
ELIN. Lâche-le.
DAVID. Oui, je le lâche. *David lâche Martin qui glisse par terre, puis il se lève et se dirige vers la porte.*

Elin et David se regardent fixement, avec haine. Elin se lève, remonte Martin et le remet sur son lit, puis elle retourne à son propre lit, arrache la prise du mur.

DAVID *qui ne bouge pas.* Je m'en vais.

ELIN. Oui, va-t'en.

DAVID. Maintenant, c'est fini.

ELIN. C'est sûr ?

DAVID. Oui.

ELIN. Bien.

DAVID. Alors, salut. *Un silence.* Maman ? *Un silence.* Hein ? *Un silence.* Je m'en vais. *Un silence.* Tu ne me retiens pas ? *Il chuchote.* Alors tant pis.

Il sort de la chambre – il commence à chanter en descendant peut-être un escalier, il chante les paroles de « Night and day », avec une diction très nette, tandis que la musique arrive par bribes, quand il en est au refrain tout l'orchestre se met à jouer – il danse avec le couteau qu'il a sur lui et qu'il avait caché pendant qu'il était chez sa mère, comme si ce couteau était un canne – comme Fred Astaire danse dans les escaliers, comme un orgasme, il danse comme s'il lui restait des forces pour toute une vie, il danse jusqu'à ce que les lampes s'allument puis abruptement s'éteignent.

NIGHT AND DAY
Like the beat beat beat of the tom-tom
When the jungle shadows fall
Like the tick tick tock of the stately clock
As it stands against the wall
Like the drip drip drip of the raindrops
When the summer shower is through
So a voice within me keeps repeating you, you, you
Night and day, you are the one
Only you beneath the moon AND under the sun
Whether near to me, or far
It's no matter darling where you are
I think of you
NIGHT AND DAY, DAY AND NIGHT, why is it so
That this longing for you follows wherever I go
In the roaring traffic's boom
In the silence of my lonely room
I think of you
NIGHT AND DAY, NIGHT AND DAY
Under the hide of me
There's an oh such a hungry yearning burning inside of me
And ITS torment won't be through
'TIL you let me spend my life making love to you
Day and night, night and day

Rideau

La pièce a été créée en décembre 2007, à la Comédie de Valence

Décors et mise en scène : Christophe Perton
Avec :
Yves Barbaut
Thomas Bédécarrats
Claire Semet
Olivier Werner

Création lumière : Dominique Borrini
Création son : Frédéric Bühl
Création vidéo : Bruno Geslin
Chorégraphies : Christophe Delachaux
Assistante mise en scène : Aurélie Édeline
Composition musicale (« Night and Day ») : Maarten Van Cauwenberghe
Saxophone (« Line for Lyons ») : Nacim Brahimi et Patrice Foudon
Régie générale : Gilbert Morel
Assistanat décors : Diane Thibault

Ce livre est imprimé sur un papier sans chlore
et résistant au vieillissement,
fabriqué selon un usage responsable de la forêt.

ACHEVÉ D'IMPRIMER EN JANVIER 2016
DANS LES ATELIERS DE NORMANDIE ROTO IMPRESSION S.A.S.,
À LONRAI (ORNE)
N° D'IMPRESSION : 1600199
DÉPÔT LEGAL : FÉVRIER 2016

IMPRIMÉ EN FRANCE